Vivre de ses photos

ET SI LE MARKETING ÉTAIT LA CLÉ ?

CHEZ LE MÊME ÉDITEUR

Dans la même collection

F. Gay Jacob Vial, *Animer des ateliers de photographie*, 2013, 192 p.
F. Gay Jacob Vial, *Créer et gérer une activité de photographe*, 2012, 176 p.

Dans la collection « Maîtriser les reflex numériques »

V. Luc, *Nikon D200 – Nikon D80 – Nikon D50 – Canon EOS 500D – Canon EOS 350D – Canon EOS 5D Mk II – Canon EOS 550D – Canon EOS 60D.*
V. Luc, P. Brites, *Canon EOS 5D Mk III – Canon EOS 600D.*
V. Luc, M. Ferrier, *Nikon D300.*
V. Luc, M.-P. Albert, *Canon EOS 450D.*
V. Luc, B. Effosse, *Canon EOS 40D – Canon EOS 400D.*

Techniques de la photo – Prise de vue

É. Delamarre, *Profession photographe indépendant*, 3e édition (à paraître).
C. Flers, *Vivre de la photo de mariage*, 2013, 208 p.
P. Bachelier, *Noir & blanc, de la prise de vue au tirage*, 2013, 232 p.
S. Arena, *Lumière – Pratique photo*, 2013, 284 p.
M. Ferrier et C.-L. Tran, *Réussir ses photos avec le Nikon D5200*, 2013, 192 p.
L. Breillat, *Choisir l'objectif idéal pour son reflex Canon/Nikon*, 2013, 176 p.
J.-M. Sepulchre, *Apprendre à photographier en numérique*, 4e édition, 2013, 160 p.
T. Legault, *Astrophotographie*, 2e édition, 2013, 165 p.
R. Bouillot, *Pratique du reflex numérique*, 4e édition, 2013, 484 p.
E. Balança, *Le grand livre de la photo de nature*, 2013, 260 p.
É. Baledent, *Photographier tous les sports*, 2013, 180 p.
A.-L. Jacquart, *Photographier au quotidien avec Anne-Laure Jacquart*, 2013, 256 p.
S. Calabrese Roberts, *La photo documentaire*, 2013, 192 p.
T. Nagar, *Street photo*, 2013, 176 p.
A. Amiot, *Conseils photo pour les voyageurs*, 2013, 192 p.
S. Leporcq, *Photographier les enfants*, 2013, 144 p.
G. Lepetit-Castel, *Concevoir son livre de photographie*, 2013, 176 p.
F. Hunter, S. Biver, *et al.*, *Manuel d'éclairage photo*, 2e édition, 2012, 260 p.

Traitement de l'image numérique

M. Evening, *Lightroom 5 pour les photographes* (à paraître).
G. Theophile, *Lightroom 5 par la pratique*, 2013, 340 p.
V. Gilbert, *Photoshop CS6 et le RAW par la pratique*, 2013, 200 p.
S. Kelby et M. Kloskowski, *Photoshop Elements 11 pour les photographes*, 2013, 456 p.
M. Evening, *Photoshop CS6 pour les photographes*, 2012, 680 p. + DVD-Rom.
J. Delmas, *La gestion des couleurs pour les photographes, les graphistes et le prépresse*, 2012, 520 p.
V. Gilbert, *Camera Raw par la pratique*, 2011, 190 p.

Groupe Eyrolles
61, bd Saint-Germain – 75240 Paris Cedex 05
www.editions-eyrolles.com

PHOTOGRAPHE PRO

Vivre de ses photos

ET SI LE MARKETING ÉTAIT LA CLÉ ?

ANDRÉ **AMYOT**

Deuxième tirage 2013

EYROLLES

Remerciements

Il est de mise de remercier ses proches, Micheline, ma compagne de tous les jours depuis… Mon fils Christian qui me sert d'exemple dans l'évolution entre générations ainsi que sa petite famille, Valérie, Victor et Ludovick. Une véritable source d'inspiration.

Je ne peux pas passer sous silence les personnes qui ont contribué à mon succès en passant par mes partenaires en affaires, Alain, Louis, Brian, et tous les membres de mon équipe au studio.

Il faut croire que pour continuer, j'ai aussi besoin des encouragements provenant de chaque photographe faisant appel à moi, pour mes stages de formation, mes services de coaching et mes conseils en général. C'est ce qui me motive chaque matin pour me lever tôt et poursuivre la mission que je me suis fixée.

Merci à tous !

Avant-propos

Réussir, pour vous, cela signifie quoi au juste ?

- Est-ce être reconnu mondialement ?
- Est-ce pouvoir exposer vos œuvres ?
- Est-ce réussir financièrement ?
- Ou bien encore, vivre de votre passion sans égard aux autres facteurs ?

Qui que vous soyez et quel que soit votre parcours, vous vous retrouvez probablement dans l'un ou l'autre de ces cas.

De ce premier questionnement ressort toute la complexité du métier. La photographie présente deux visages ; celui d'une forme d'expression artistique pure et celui d'un combiné d'expression artistique et d'une profession avec objectif commercial. Pour certains puristes, ce dernier cadre est en effet interprété comme une sorte de trahison à l'art. Pourtant, la photographie est tellement présente dans notre quotidien, que nous ne pouvons pas ignorer qu'elle puisse être un moyen d'expression lucratif, car, soyons réalistes, il faut bien des gens pour « produire » ces images. À quoi ressembleraient nos magazines, nos plaquettes publicitaires, nos affiches de rue, nos souvenirs de mariage et de famille sans l'image ? Ce n'est pas d'hier que des « artistes » ont choisi la voie commerciale pour s'exprimer. Heureusement !

Après tout, les plus grands artistes ont vendu des œuvres pour nourrir leur famille. Le sculpteur Rodin est unanimement considéré comme un artiste, mais il était aussi un homme d'affaires averti. Picasso, quant à lui, a très bien vécu de son art. En photographie, nous avons aussi des champions – Henri Cartier-Bresson, Doisneau, Richard Avedon, Yousuf Karsh, Annie Leibovitz, Ansel Adams, Robert Capa et j'en oublie tellement. Ces exemples montrent bien que l'art peut aussi attirer un succès commercial.

Le succès en photographie peut se mesurer à plusieurs niveaux. Le photographe qui crée de toutes pièces une œuvre inédite et se voit transformé en référence mondiale (Cartier-Bresson, Doisneau, etc.) ou celui qui satisfait la demande toute simple d'un client par la mise en valeur de son produit, en vantant son entreprise, etc., connaissent tous deux la réussite, chacun à son échelle.

Alors, vous qui lisez ces lignes, quelle forme prendra votre succès ? C'est à vous de décider !

Mes débuts ordinaires en photo

Mes débuts en photographie n'ont rien d'exceptionnel. On entend souvent des photographes dire qu'à l'âge de 13 ans, ce fut le « déclic ». Ce fut mon cas. Pourtant, j'étais loin de penser en faire ma profession, un moyen de gagner ma vie. Un hasard de circonstance en a voulu ainsi et pour vous épargner une longue histoire, j'ai adopté ce métier artistique à l'âge de 18 ans pour en vivre jusqu'à ce jour.

Passion, oui, autant pour la photographie que pour les affaires. Je crois fermement qu'il faut savoir concilier ces deux « passions » si nous désirons en faire un métier et faire en sorte que nous et notre famille puissions jouir d'une qualité de vie intéressante. Un autre aveu, l'aspect business m'était totalement inconnu au départ. Je l'ai acquis au fil des années en cherchant les meilleures solutions, et en me tournant vers les meilleurs mentors. Ah oui, je ne veux surtout pas oublier un facteur déterminant : j'ai su m'entourer de partenaires qui excellaient dans ce que je considérais comme mes faiblesses.

Le point de départ d'une réflexion

Ce livre a pour but de vous faire mener une réflexion sur le développement de votre activité dans cette forme d'art. La grande majorité des gens possèdent aujourd'hui un appareil photo. La photographie s'est en effet très fortement démocratisée depuis l'émergence du numérique ; passe-temps de plus en plus accessible et prisé, elle « apparaît » également comme un moyen de se lancer en affaires et de se procurer, relativement facilement, une qualité de vie.

« Relativement facilement ? » C'est ce que beaucoup pensent... Nombreuses sont les personnes qui estiment que seule l'image saura les propulser vers le succès et que l'outil fait tout, sans penser que devenir photographe, c'est entreprendre des projets et que cela nécessite donc de réfléchir à la manière de développer son activité.

J'espère que ce livre vous incitera à mener cette réflexion qui vous éclairera sur votre avenir dans ce domaine. Ne voyez pas dans cette approche une censure qui aurait pour but de vous décourager, bien au contraire. N'est-il pas plus intéressant de mettre toutes les chances de votre côté et de déceler les idées qui vous mettront sur la voie de la réussite ? C'est là mon plus grand souhait.

Alors, donnez-vous la permission de vivre chaque étape de votre évolution technique, artistique et professionnelle avec force implication. N'oubliez surtout pas d'analyser au fur et à mesure, tous les petits succès qui apparaissent. Ne vous cloisonnez pas dans une démarche inflexible et ne risquez pas de perdre le sens de la créativité qui se doit d'évoluer !

Aux photographes d'expérience qui mettraient la main sur ce livre, je demande la plus grande indulgence et la plus grande ouverture d'esprit vis-à-vis de mes propos, et même de se remettre en question de temps à autre. Face aux mutations que connaît aujourd'hui le marché de la photographie, nous, professionnels, sommes obligés de nous adapter et d'évoluer constamment avec les nouvelles pratiques.

Un métier pour diplômés d'études supérieures uniquement ?

Pas du tout ! Des études universitaires sont très utiles pour posséder les techniques administratives ou même les notions de l'art, mais pour la photographie, elles ne sont, à mon avis, nullement indispensables. Une formation technique, en revanche, est plus essentielle, parce que la photographie évolue tellement vite qu'il est facile d'être dépassé. Prise de vue, éclairage, composition et post-traitement, aucune de ces étapes ne doit être négligée.

Une fois la technique maîtrisée, se familiariser avec une base administrative sera précieux, même primordial, si vous désirez vous lancer en affaires. Il y a plusieurs façons d'acquérir ces techniques et vous les connaissez certainement. En revanche, il est assez fâcheux de constater que la plupart des écoles de formation ne parlent pratiquement pas, en dehors de quelques vagues informations sur les statuts, de la facturation ou de la relation client, de ce qui va se passer une fois le diplômé confronté à la réalité du marché du travail. La concurrence étant ce qu'elle est aujourd'hui, adopter rapidement quelques bonnes pratiques vous évitera bien des déboires.

L'avenir de la photographie

Mon expérience de plus de 45 ans dans cette industrie m'a permis de constater les changements extraordinaires qui se sont déroulés depuis l'obtention de mon diplôme de photo. Il ne fait aucun doute dans ma tête qu'aujourd'hui, seule une spécialisation dans une branche particulière sera le moyen de progresser et de durer. J'insisterai sur ce point tout au long de ce livre, excusez-moi d'avance si je me répète en de nombreux endroits, mais se spécialiser est actuellement absolument primordial !

Pourquoi ?

Simplement parce qu'il y a une surabondance de personnes qui s'improvisent dans ce métier sans formation technique de base et surtout, sans connaissance des principes d'affaires. La conséquence de cette situation ? Vous trouvez sur le marché des gens qui proposent une panoplie de services, pour lesquels ils ne sont pas qualifiés et pratiquant une tarification qui est totalement en dehors des normes de rentabilité. Il y a « apparence » d'un gain facile et rapide. La réalité est toute autre lorsqu'il s'agit de combiner service client, qualité de main-d'œuvre et de produit.

Je sais que ces propos peuvent sembler difficiles à entendre pour une personne qui désire se lancer, mais demandez à n'importe quel photographe ayant 15 ans d'expérience ou plus quel est son plus gros souci ? Mon but n'est pas d'empêcher les nouveaux arrivants de s'intégrer au marché ou de tenter de le faire, bien au contraire. Ce que je souhaite fermement, c'est que ces personnes se forment avant de sauter dans la galère. Ce métier exige beaucoup de connaissances, et ce sur des aspects très variés, pour obtenir le succès escompté.

Être dans les affaires comporte, en outre, une grande responsabilité envers les clients qui eux, vous accordent une confiance en vous payant avec un argent durement gagné. Il ne faut pas trahir cette foi en vos talents s'ils ne sont pas à la hauteur de ce qui est attendu. Même si les appareils photo sont de plus en plus simples à utiliser, cela ne fait pas de tout le monde un photographe professionnel.

De plus, le fait de pratiquer une photographie généraliste vous place dans une arène où il y aura toujours une personne qui fera le même travail que vous pour moins cher et parfois mieux que vous. Quelle sera alors votre stratégie pour faire face à ce défi ? Une spécialisation qui vous permettra de sortir du lot et de mettre en avant un style bien à vous, une signature unique. Vous aurez ainsi une ouverture sur un marché géographique plus grand, car les clients sauront percevoir une plus grande compétence de votre part et seront prêts à faire des kilomètres pour y avoir accès.

Un livre unique

La raison d'être de ce livre est simple : essayer de faire réaliser aux nouveaux venus dans le métier l'importance d'une préparation adéquate qui augmentera fortement leurs chances de réussir, mais aussi offrir aux photographes plus expérimentés des pistes pour réagir face aux mutations du marché.

Si vous êtes de ceux qui ne comprennent pas comment un photographe peut monnayer son talent, il est peut-être préférable de laisser ce livre de côté… Le but principal et avoué de cet ouvrage est en effet de proposer des méthodes favorisant une démarche en marketing pour celles et ceux qui veulent tirer de leurs images un profit autre qu'une satisfaction personnelle. Celle-ci n'est toutefois pas exclue du processus, bien au contraire.

Table des matières

Devenir photographe professionnel, c'est un choix...

1

Aujourd'hui, différentes portes d'entrée mènent à la photographie, et plus particulièrement au métier de photographe. Le point commun à toutes est certainement la passion pour l'image. Il est extrêmement rare de rencontrer des personnes uniquement motivées par l'argent, et faisant passer l'aspect artistique au second plan. Dans un contexte économique tendu et fortement concurrentiel, vivre de la photographie est difficile ; comment durer alors dans le métier sans l'amour de l'image en motivation principale ? Pour ne rien vous cacher, il m'est arrivé quelquefois de croiser des personnes animées par des objectifs financiers. Je dois avouer qu'elles sont assez bien portantes sur ce plan et qu'elles font partie du 1 % de photographes qui réussit excessivement bien, même en période de « récession ». Mais je le répète, leur cas est singulier ; pour bien évoluer dans la profession, aimer l'image doit rester un fil conducteur, mais ne suffit pas.

« Votre » choix

Puisque vous avez fait un choix, vous êtes censé avoir un certain contrôle sur tout ce qui va se passer dans le développement de votre carrière. Entendre quelqu'un me dire que le contexte économique est responsable de ses déboires me surprend toujours. Nous pouvons aujourd'hui, et plus qu'à aucune autre époque, profiter d'une abondance d'informations trouvées sur Internet, acquises par le biais de stages, de formations, au long d'un cursus scolaire, etc., pour ne pas subir un contexte semble-t-il peu favorable. Ne croyez pas qu'une carrière florissante se développe toute seule, au gré d'une activité purement solitaire et sans les conseils de collègues avertis. Les réseaux sociaux favorisent tellement les rapprochements que nul ne peut les ignorer et espérer avancer. Alors, vous n'avez pas d'excuse pour ne pas vous donner les moyens d'y arriver.

L'économie gère tout !

C'est ainsi. Les règles qui gèrent l'économie sont aussi importantes pour les photographes professionnels que les règles de composition ou de maîtrise de la lumière ; il est essentiel de ne pas les ignorer et d'ôter ses œillères.

Vous allez peut-être me trouver parfois intransigeant. Honnêtement, j'en ai tellement vu au fil des années qui blâmaient tout sauf leur manque de préparation et de rigueur, leur propre ignorance face aux étapes « obligatoires » de tout lancement d'activité, ou qui présentaient même une certaine insouciance sur les processus indispensables liés aux affaires... que je préfère parler franchement et sans détour.

Encore une fois, accuser la crise et la société contemporaine de ses difficultés n'est pas une attitude responsable. Vous avez les moyens de garder le contrôle sur « votre » économie et de faire évoluer vos résultats, mais cela exige de la détermination et surtout une grande confiance en soi et en ses talents d'entrepreneur.

Partir du bon pied

Comme pour tout métier, connaître les principes de base inhérents à la profession que vous allez épouser et les maîtriser est absolument indispensable. Sans cette parfaite maîtrise, comment pourriez-vous revendiquer le fait d'être professionnel ? Mais cela ne suffit pas. Selon moi, suite à la découverte de la « passion », les prochaines étapes doivent essentiellement porter sur les formations générales et techniques. Et si vous désirez vous lancer en affaires, il faudra alors aussi vous former sur cet aspect, bien loin des problématiques de prises de vue, de cadrage, de gestion de la lumière ou de retouches. Autre solution : vous associer à quelqu'un qui pourrait endosser à votre place le rôle de gestionnaire. Je dirais la même chose à un chef cuisinier qui désire créer ses propres plats et se laisser aller aux alliances gustatives les plus audacieuses sans avoir expérimenté les grands classiques de la littérature culinaire. Mélange de saveurs, chimie des aliments, méthode de cuisson, présentation dans les assiettes. Vous conviendrez que ces étapes ne peuvent pas subir le test du temps et du développement sans apprentissage, sans connaissances de base. Pourquoi est-ce différent dans la tête de nombre de photographes qui se lancent directement sur le marché, sans plus de précautions ?

En plus des différentes écoles professionnelles qui dispensent une formation technique essentielle, le photographe de métier peut compter sur les services des associations professionnelles (UPP, GNPP) qui proposent un accompagnement indispensable à tout développement continu. Ces organismes sont supportés par l'AFMI, (www.afmi.fr) pour la gestion et le financement de programmes de formations.

UPP
Union des photographes professionnels.

GNPP
Groupement national des photographes professionnels.

AFMI
Associés pour la formation aux métiers de l'image.

Selon moi, tout photographe doit constamment chercher à s'améliorer tant sur le plan de la technique photo que sur le plan des affaires afin d'offrir à ses clients le meilleur de lui-même. Cette exigence de qualité sur tous les aspects de l'exercice de l'activité représentera pour lui un avantage concurrentiel important devant le nombre sans cesse croissant de personnes se prétendant photographes.

Quels sont les enjeux du métier ?

Ils sont importants et riches de conséquences. Un certain nombre de « nouveaux » photographes se lancent dans la photo suite à une première carrière qui leur a fourni des satisfactions souvent plus financières que valorisantes. L'envie d'une reconversion survient à un moment où leur travail n'apporte plus le contentement, ni même le plaisir d'accomplir et/ou d'obtenir des résultats.

À cette étape de leur vie, les responsabilités familiales, sociales, etc., rendent la prise de risque délicate et leur imposent de bien mesurer l'aventure qui s'annonce. Certains pourraient être rebutés par les défis et aléas du métier, et pourtant la plupart se jettent dans le bain, fort de leurs expériences.

Là où cela se complique souvent, pour ne rien vous cacher, c'est avec les personnes qui envisagent une carrière purement artistique. En effet, rares sont ceux qui peuvent prétendre vivre uniquement de la vente de leurs tirages, surtout au démarrage de leur activité. Pour vivre de la photographie, développer un volet affaires, qui inclut une concentration marketing, est alors quasiment indispensable.

De même qu'avec ce photographe qui préfère proposer des images pour satisfaire son ego créatif sans tenir compte des besoins de son client. Étant de nos jours plus informé, le client n'acceptera pas d'investir dans une prestation qui ne répond pas à ses attentes – qu'il s'agisse de photographie ou de tout autre produit – et de traiter avec un « partenaire » qui ne respecte pas le jeu de la relation client. Il est donc illusoire de croire que la vente se fera toute seule. Il est fort possible qu'il y ait même conflit entre les deux parties à cause du manque de perception de valeur et de compréhension. Il s'en suit un manque de respect de part et d'autre, et la profession finit par en souffrir.

Quels sont donc les enjeux du métier ?

- Développer une activité saine et épanouissante, sans le stress ni l'angoisse des fins de mois dans le rouge.
- Obtenir une qualité de vie à la hauteur de ses souhaits et ambitions.
- Bénéficier d'une vie familiale équilibrée, propice au développement de projets personnels (pour soi, son conjoint, ses enfants).
- Générer un salaire régulier assurant le niveau de vie de la famille et le développement de projets (voir points précédents).
- Pouvoir se former pour rester un professionnel efficace et pertinent sur son marché.
- Pouvoir s'autoriser des vacances sans culpabiliser à l'idée de perdre des contrats.

À méditer
« Choisissez un travail que vous aimez et vous n'aurez pas à travailler un seul jour de votre vie. »
Confucius

Et la liste s'allonge... Vous voyez certainement où je veux en venir.

Photographes, n'ayez pas peur du marketing

Le simple mot « marketing » fait frémir dans beaucoup de milieux et en particulier dans le noble et pur monde de l'art... Ce mécanisme réflexe s'explique essentiellement par manque de connaissance. Nous ignorons par où débuter ; nous ignorons où nous mettons les pieds ; nous ignorons à quelles techniques nous allons être confrontés et si l'on ne risque pas d'y perdre notre âme d'artiste au passage...

Le marketing, c'est quoi ?

Quand on constate que certains croient encore qu'un e-mail ou une présence sur Facebook pourra leur rapporter des clients, on se dit qu'il y a du chemin à parcourir, un monde à leur faire découvrir.

L'anecdote en fera sourire quelques-uns, mais cela me rappelle ma première démarche marketing réalisée à l'occasion de l'ouverture de mon studio, il y a de cela bien des années, au Québec. Nous étions en février, et j'avais décidé de distribuer des feuillets publicitaires imprimés en sérigraphie (encre bleue) en les plaçant sous les essuie-glaces des voitures garées dans le parking d'un centre commercial. Idée géniale pour faire connaître mes services à un grand nombre d'habitants, n'est-ce pas ? La neige s'est alors mise à tomber… Vous imaginez sûrement le beau gâchis que cela a été, mais quelle leçon ! Une bonne opération de communication ne s'improvise pas.

Au-delà de la petite histoire, dites-vous que de toute erreur, l'on apprend, et le but avoué de cet ouvrage est que vous puissiez adopter une stratégie marketing qui vous permettra d'atteindre les objectifs précédemment cités. Avant d'aller plus loin, voyons ce que recouvre la notion de marketing et quels outils il met à notre disposition.

Le marketing est un ensemble d'activités bien structurées qui permettent de confirmer votre mission, votre présence et votre marque de commerce (branding). Les grandes entreprises, particulièrement les franchises, sont très intéressantes à observer de ce point de vue là ; elles peuvent être pour nous une source précieuse d'enseignement dans les méthodes qu'elles appliquent et leur marche infaillible vers le succès :

1. Un produit de qualité qui a une signature unique.
2. Des outils adaptés pour une présentation efficace.
3. Une maîtrise de la technologie garantissant une efficience dans la démarche professionnelle.
4. Des stratégies de mise en marché éprouvées.
5. Et finalement une méthode transposable et applicable par ceux qui veulent perpétuer la recette.

En analysant les plus grands succès d'entreprise, vous noterez aussi qu'ils sont liés à une forme de spécialisation qui permet de concentrer leurs énergies sur ce qui rapporte le plus de satisfaction. Ceci permet :

- de cibler une clientèle bien définie ;
- de concentrer les efforts de mise en marché vers ces clients,
- de devenir l'expert(e) dans cette niche ;
- et surtout d'économiser temps et argent à poursuivre des pistes qui sont déjà surexploitées.

Observons notre propre perception de valeur et notre comportement lorsque nous désirons acheter un produit de qualité, notre première pensée est dirigée vers un commerçant spécialisé. La confiance de l'acheteur est gagnée d'avance, car nous aurons vraisemblablement une référence positive qui nous portera vers ce commerce.

Alors pourquoi une grande majorité de photographes veulent tout faire ? Parce qu'ils ont la passion pour l'image ! Pensez-y bien, la meilleure et la seule façon de vous faire reconnaître comme un véritable artiste est d'avoir un style, une signature qui vous distingue. Regardez autour de vous, les plus grands photographes de ce monde ont tous une marque distinctive.

À vous de créer la vôtre !

Être photographe et avoir le sens des affaires, ce n'est pas antinomique

Je lance souvent mes stages avec cette question : « Êtes-vous un photographe qui cherche à faire des affaires par obligation ou bien une personne en affaires qui utilise la photographie comme moyen de bien vivre ? » Saisissez-vous bien la différence entre les 2 ?

Souvent, dans la tête d'un créateur, l'aspect commercial et financier vient à l'encontre de l'aspect créatif ; comme si les 2 ne pouvaient être conciliés. Que vous soyez graphiste, photographe, ou bien encore créateur de gadgets astucieux, pour mener une vie professionnelle équilibrée et pouvoir continuer à exercer votre art, concilier ces 2 aspects semble indispensable (à moins que vous ne soyez rentier...). La science a démontré que le côté droit du cerveau gérait le sens artistique, et que le côté gauche était lié à l'organisation, la structure, la logistique, ce qui signifie que chacun d'entre nous dispose des moyens de parvenir à cet équilibre... L'excuse « je suis un artiste, les maths et la gestion, ce n'est pas mon truc » ou bien encore « je suis créa, je n'ai rien d'un commercial » sous-entendu, ce n'est pas ma partie, c'est pour ça que je n'y arrive pas... n'est pas valable ! Non seulement vous avez choisi « d'épouser » une profession dont la vente constitue l'un des pans principaux à côté de la prise de vue et du post-traitement, mais en plus vous avez, en vous, toutes les ressources pour maîtriser ces « matières » qui vous sont étrangères. À défaut, ouvrez les yeux, et s'il vous semble trop difficile d'acquérir ces connaissances qui vous manquent, sachez vous entourer de personnes compétentes qui sauront compléter vos lacunes dans un secteur ou dans l'autre.

À mes débuts, tout comme pour vous sans doute, la passion de l'image était au cœur de mes préoccupations. Mon sens de l'organisation, le marketing était mon talon d'Achille. Après deux tentatives avec des associés plus ou moins sérieux, je savais quel type de personne je devais avoir à mes côtés afin de développer mon entreprise. J'appréciais le fait de travailler en équipe, c'était même un besoin pour moi, je savais aussi quelles étaient mes faiblesses, il n'était donc pas question que je tente de me lancer seul dans l'aventure. Je préférais avoir 51 % d'un gros gâteau d'anniversaire que 100 % d'une galette.

Connaître ses points forts et ses points faibles afin de bien monter son affaire est essentiel selon moi. Je sais que de nombreux photographes préfèrent l'indépendance, et c'est bien, mais sachez que votre potentiel de croissance est limité par le facteur le plus important : le temps.

Conseil
Voici un excellent livre à découvrir : *Découvrez vos points forts* de Marcus Buckingham et Donald Clifton.

Revenez maintenant à la question posée précédemment : cherchez-vous à faire des affaires par obligation ou la photographie est-elle pour vous un moyen de bien vivre ?

Tout le monde a une vision

« Sans marketing, vous n'avez pas de clients et sans clients, vous n'êtes pas en affaires », cette citation résume parfaitement la situation. Vous me rétorquerez « facile à dire, ce n'est pas si simple »... Rassurez-vous, je ne vous laisserai pas seul, je vais m'employer à vous donner les bons outils pour que vous puissiez élaborer la stratégie qui vous permettra de porter « votre » photographie vers « son » public, « sa » clientèle. Là encore, il sera question de procéder à des choix.

Comme la grande majorité des photographes, moi aussi à mes débuts, j'ai osé affirmer : « mes images sont tellement belles et différentes qu'elles se vendront toutes seules ! » Classique !

Après quelques coups, j'ai réalisé que j'avais besoin d'aide pour « me mettre sur le marché » dans de bonnes conditions, pour que mes images soient vues et que mes prestations interpellent la clientèle. Seul, je ne disposais pas des moyens nécessaires à cela, je ne voyais pas comment procéder pour être efficace. C'est en regardant tout autour de moi, notamment au sein de ma petite clientèle, que j'ai identifié une personne, spécialisée en marketing, qui saurait comment m'apprendre les bases de son domaine. Cela a eu un coût, c'est indéniable, j'y ai effectivement investi une belle somme d'argent, car mon client connaissait mon besoin et la valeur de ce qu'il m'enseignait, et il a su y apposer un tarif. Il n'y a rien de choquant à cela. Distribuez-vous vos images gratuitement ? Non, et bien, il n'y a pas de raison que ce client en fasse de même avec son savoir.

Maurice Julien, auteur de la citation plus haut, était directeur marketing pour une firme en menuiserie architecturale de grand renom. Maniaque du marketing, il a su élever la rentabilité et la présence de cette entreprise à des niveaux jamais vus. Lorsque j'ai fait appel à ses conseils d'expert, je lui ai demandé s'il pouvait m'aider à développer mon entreprise. Voici ce qu'il m'a répondu : « Certainement, mais pour débuter, dis-moi où tu te vois dans 1 an, 3 ans, 5 ans, 10 ans. »

À vous de jouer

Je vous la pose cette même question, car comment savoir quels outils adopter, quels moyens se donner, si vous ne savez pas ce que vous voulez à plus ou moins long terme. Ne poursuivez pas cette lecture sans inscrire ci-dessous la façon dont vous envisagez l'avenir de votre activité.

....

....

....

....

....

....

Pourquoi est-il important que vous inscriviez vos idées dans ce livre ? Pour que cette vision vous suive toute votre vie.

Objectif : 1 an	
Objectif : 3 ans	
Objectif : 5 ans	
Objectif : 10 ans	

Si vous ne faites pas cet exercice, vous ratez la première étape vers la réussite. Si vous n'êtes pas prêt à vous interroger vraiment sur vos ambitions et sur certains choix que vous devrez opérer, autant laisser ce livre de côté. Je vous avais prévenu de ma franchise ! J'imagine cependant que si vous vous êtes tourné vers cet ouvrage, c'est sûrement que vous vous posez des questions sur la manière de mener votre activité : comment faire et comment faire mieux. Avant d'y répondre, encore faut-il donc savoir pourquoi, dans quel(s) but(s), vous allez faire tout cela.

Pour vous guider un peu dans votre réflexion, voici la réponse que j'ai donnée à Maurice ; je ne l'oublierai jamais, car elle a été fondamentale dans toute ma démarche et, honnêtement, je me sers encore de son enseignement aujourd'hui. « Je vois un studio dans un grand espace avec plusieurs personnes contribuant à mon rêve. Je vois une entreprise qui possède plusieurs plateaux de prise de vue. Je vois une clientèle qui vient chez nous, non pas parce que nous sommes les moins chers, mais parce que nous offrons un ratio qualité/prix le plus élevé de la région. La concurrence, je n'y porte pas trop attention, car je n'ai pas d'énergie à gaspiller à la suivre. Ce sont mes concurrents qui devront me courir après ! »

Au fil des 20 années qui ont suivi, c'est exactement ce qui s'est produit, à la lettre.

Comment définir sa vision ?

Il s'agit de décrire avec le plus de précision possible les moyens en termes de matériel (équipement), de formation, de savoir-faire qui vont vous permettre d'accomplir votre mission.

Exemple : Je désire gérer une entreprise photo qui se spécialise en photographie sociale, principalement, le portrait de famille et tout ce qui s'y rattache. J'ai un studio en centre-ville de XXX m² qui comprend une salle de prise de vue, un bureau pour traiter avec la clientèle, une salle de postproduction et une galerie exposant nos travaux. J'ai à mon service une employée et des sous-traitants qui produiront des services afin de me libérer de la postproduction. Je consacre une demi-journée par semaine au marketing qui me permettra de développer une clientèle loyale.

Je vais suivre des stages de formation en affaires auprès de..............................

Dans un avenir de 3 ans, je prévois : ....

....

....

.... (C'est à vous de jouer, je vous ai donné suffisamment de pistes pour cela. Répondez selon vos aspirations.)

Tout le monde a une mission

Une mission est la raison principale pour laquelle vous offrez vos services à une clientèle quelconque. Ne me parlez pas de votre passion pour l'image ! Puisque vous êtes dans les affaires et que vous avez un besoin intrinsèque de posséder des clients, votre mission doit donc répondre au besoin de la clientèle. Comme le dit si bien le photographe Ladislas Kadyszewski : « Nous ne vendons pas la photographie, nous vendons ce qu'elle apporte aux gens. » Cette remarque est absolument fondamentale ; vous devez la faire vôtre ! En tant que photographe, vous exercez une activité de service ; en êtes-vous bien conscient ? Votre amour de la photographie, c'est très bien, mais ce qui va compter plus que tout de ce point de vue, c'est la satisfaction que vous allez apporter à vos (futurs) clients.

À noter
Il est probable que votre vision et votre mission évoluent au cours de votre carrière, en fonction de vos échecs, de vos réussites, de certaines rencontres, ou de vos envies, tout simplement. C'est normal, il n'y a rien de figé, juste un cap à garder.

À vous de jouer

Que voulez-vous apporter à vos futurs clients ? Comme précédemment, inscrivez-le ici :

....

....

....

....

....

....

La peur… une réaction naturelle au risque

À noter
Je vous conseille fortement de suivre au quotidien le blog de Seth Godin : www.sethgodin.com (en anglais).

J'emprunte les mots d'un grand maître du marketing, Seth Godin, qui a publié sur son blog une analyse entre la peur, le risque et l'inquiétude. Il affirme que le risque est réel et externe à soi. Que la peur existe seulement dans notre imagination lorsque nous commençons à envisager les conséquences d'un événement qui ne se déroulerait pas comme prévu.

Si vous vous laissez à croire que le risque suscite la peur et que la peur apporte l'inquiétude, vous trouverez le temps long et vous risquerez d'abandonner vos projets. Partant de ce constat, admettez que vos peurs n'ont rien de réel ; elles ne sont que le fruit de votre imagination. Alors, avancez et soyez convaincu que vous avez le contrôle des événements. Concrètement, comment procéder ?

À méditer
« Il ne tient qu'à vous de guider ou superviser le processus de création. Tout ce que vous devez faire est de garder votre vision, votre raison d'être tout en conservant la foi et la gratitude. » Wallace D. Wattles. Autrement dit, croyez en vos capacités, et soyez reconnaissant envers votre entourage et vos clients.

Déterminez un plan d'action

1. Interrogez-vous sur les raisons qui vous conduisent à vouloir devenir professionnel. Si vous voulez vivre de vos images, il va falloir vous en donner les moyens.
2. Si vous ne l'avez pas encore fait, définissez votre mission et votre vision. Cela va déterminer toute la marche à suivre pour le développement de votre carrière. C'est votre GPS !
3. Si le marketing n'est pas votre fort, regardez autour de vous comme je l'ai fait, de quels moyens vous disposez pour vous initier, dans un premier temps, à ses méthodes ou quelles personnes compétentes peuvent vous aider dans ce domaine.

Prendre les bonnes décisions : apprivoiser le risque

Se fixer des objectifs sans savoir prendre des décisions est vain ! Il est fort probable que personne ne vous ait enseigné comment prendre des décisions ; or, autant dans un contexte d'affaires que de vie, prendre des décisions sur vos choix quotidiens est essentiel, sinon comment voulez-vous avancer ? Décider, c'est entreprendre le processus qui vous amènera à atteindre vos objectifs. C'est une discipline qui peut être acquise à condition d'avoir de la détermination. Qu'avez-vous à gagner ou à perdre ? Êtes-vous conscient du fait que le manque de décision contribue à faire durer des situations difficiles, qui peuvent être lourdes de conséquences ? Êtes-vous en mesure de vivre avec ces conséquences ou est-ce qu'au contraire une prise de décision comporterait des avantages pour vous et votre entreprise ?

À noter
« Après une prise de décision, en particulier ayant trait à une question importante, vous ressentirez un poids énorme se soulever de vos épaules. »
Dr. Carole N. Hildebrand

L'indécision provoque des effets négatifs dans votre vie, un inconfort, des batailles internes, du stress… J'y vais ? Je n'y vais pas ! Procéder ou non ? Acheter ou non ? La solution est simple : tranchez ! Dans un sens ou dans l'autre, mais ne laissez pas un choix en suspens.

Soyez un leader

Les décideurs sont considérés comme des leaders, des gens d'action, des gens crédibles. Voilà tout un avantage concurrentiel, non ? Toute décision mérite réflexion, mais aussi rapidité d'action. Ayez ces 2 principes en tête, et laissez-vous guider par cette série de questions pour vous aider à trancher :

- Désirez-vous acquérir, avoir ou faire cette activité, ce projet ?
- Cette décision coïncide-t-elle avec vos objectifs, vos buts ?
- Une fois cette décision prise, serez-vous en harmonie avec vous-même et vos proches ?
- Cette décision peut-elle avoir des conséquences négatives pour autrui ?

Si votre réponse est « oui » aux 3 premières questions, et « non » à la dernière, qu'attendez-vous pour agir ? Foncez !

Combattre les idées reçues

2

Suite à mon expérience de plusieurs années dans cette industrie, j'ai souvent constaté que la raison principale pour laquelle la photographie est si convoitée comme occupation est la passion de créer des images. Ceci selon moi est un acte d'autosatisfaction qui passe à côté de la vraie mission d'un photographe professionnel : celle de comprendre la profondeur, l'importance du geste à chaque fois qu'un client fait confiance à ce photographe.

Que vaut une photographie ?

La valeur d'une photographie est liée à ce qu'elle représente pour la personne à laquelle elle est destinée. Rappelez-vous la citation de Ladislas Kadyszewski : « Nous ne vendons pas la photographie, nous vendons ce qu'elle apporte aux gens. »

Pour le photographe, il s'agit d'un accomplissement créatif qui a une signification et d'un moyen de diffuser son image (de marque).

Pour le client, qui débourse une somme d'argent pour l'obtenir, cette image doit représenter le résultat d'un besoin (un souvenir familial, les ventes d'un produit, un impact dans les médias...). Même si ce besoin passe par le filtre créatif du photographe, le client aura à donner son approbation sous forme monétaire. Si la satisfaction n'est pas totale, la perception de valeur sera absente. En conséquence, le photographe devra redoubler d'efforts pour bâtir une clientèle qui lui restera fidèle et le recommandera.

À méditer
« Les photographes traitent avec des choses qui sont éphémères et lorsque ces choses disparaissent, il n'y a rien sur terre qui les ramènera. »
Henri Cartier-Bresson

Le concept du client à vie, c'est dépassé…

Je préfère vous parler de ce sujet dès maintenant, car il va fortement influencer mon propos et, je l'espère, la façon dont vous allez développer votre entreprise. Votre réussite en dépend. À une époque où le zapping est roi, et où les offres et tentations de tester les services d'autres professionnels sont légion, je vous l'affirme : non, le concept du client à vie n'est pas mort !

Tout au long de ma carrière de photographe, j'ai souhaité fidéliser mes clients. Cela a contribué à faire augmenter la valeur de mon entreprise et m'a permis de faire évoluer mes prestations.

Quel rapport avec votre travail de photographe, avec le service que vous allez proposer ? Et bien, à chaque fois que vous créez une image, vous ne vendez pas cette image, mais bien ce qu'elle représente pour votre client. Votre but alors est non seulement de satisfaire sa demande, mais aussi de poser les jalons d'une commande ultérieure.

Responsable d'un studio, j'encourageais ainsi mes photographes salariés : « Prenez bien soin de servir ce client avec toute l'attention nécessaire, car vous avez aujourd'hui entre les mains le travail qui viendra demain si vous lui donnez satisfaction. »

Je dois avouer que nous avions la chance de travailler avec des clients assez exceptionnels. Non pas que nous traitions avec de grandes entreprises ou une clientèle fortunée, mais plutôt avec des gens qui comprenaient la valeur de ce que représentait la photographie pour eux personnellement ou pour leur entreprise. Parce que nous étions nous-mêmes conscients de la valeur de ce que nous offrions, nous parvenions à le montrer aux clients à travers notre offre de service, la qualité des produits proposés, et notre manière de servir la demande.

« Se garantir un avenir prospère avec la photo ? » Je n'y pense même pas…

Imaginons que vous souhaitiez partir en voyage. Comment allez-vous vous organiser ? Quelles sont les étapes ?

1. Sélection des dates de réservation.

2. Recherche d'un lieu à visiter.

3. Identification des besoins de transport, d'hébergement, d'activités, etc.
4. Choix des moyens de transport, hébergement, activités, etc.
5. Détermination de budget.

Dès cet instant, le voyage commence à se dessiner dans votre esprit, vous vous projetez au milieu de ces paysages...

Pour lancer une carrière : même scénario !

1. **Sélection des activités souhaitées.** Quels seront les marchés que vous désirez cibler ? Quel sera votre concept de prise de vue, votre distinction de la masse de photographes ? Serez-vous un propriétaire de studio, pigiste ou employé d'un studio ?
2. **Recherche des possibilités de marché.** Le marché ciblé représente-t-il un potentiel de croissance ? Qui sera l'acheteur, le client, la classe sociale, le secteur géographique sollicité ?
3. **Identification des besoins d'apprentissage et de perfectionnement.** Quelle formation professionnelle devriez-vous acquérir avant de vous lancer ? Technique photo, éclairage, postproduction, affaires ?
4. **Choix des moyens d'apprentissage et de perfectionnement.** Quelle institution pourra remplir ce besoin de formation ? Une association professionnelle, une école spécialisée, un abonnement mensuel à des webinars, coaching personnalisé ? Il faut absolument prévoir un budget annuel pour la formation continue, car la rapidité avec laquelle les techniques évoluent de nos jours exige une mise à jour permanente.
5. **Détermination de l'investissement permettant d'atteindre votre objectif.** Faites vos calculs avant de vous lancer. L'investissement peut paraître minime au départ, mais les sommes grimpent rapidement si vous cherchez à percer un marché un peu plus élevé que l'entrée de gamme.

Au vu de ces étapes, vous pouvez déjà commencer à imaginer l'évolution de votre entreprise et à croire en sa réussite. Chacun de ces points doit vous permettre de concevoir et de constituer une activité solide et cohérente. Attention, ne vous noyez pas sous une tonne de recherches au risque de perdre le sens de votre mission principale. Ne soyez pas trop gourmand et allez-y progressivement, l'essentiel étant d'agir et de dépasser le stade sécurisant de la réflexion !

À méditer
N'ayez pas peur de l'échec, c'est le plus grand laboratoire du succès.

C'est assez paradoxal, mais pourquoi la plupart des gens ne prennent-ils pas le même soin à construire leur carrière qu'à préparer leurs vacances ? Un entrepreneur avisé se fixera des objectifs de carrière afin d'évaluer son ascension vers le succès avant même de signer un bail, d'acheter un équipement, etc.

Comment se fixer des objectifs ?

À cette étape de la réflexion, un temps d'arrêt est nécessaire. Comment réfléchir avec efficacité et sérénité tout en continuant à vaquer à ses occupations quotidiennes ou à mener une activité prenante et peu épanouissante ?
Tout au long de ma carrière, j'ai dû arrêter le train pour revoir ma trajectoire et à quelques reprises, cela a signifié un changement de voie. Mais je me suis arrêté, car en marche, mes pensées étaient trop occupées par la routine quotidienne.

1. Écoutez votre cœur. Quelles sont vos priorités de vie, de carrière ? Je veux dire, qu'est-ce qui remplirait votre vie actuellement, votre raison de vivre, ce qui vous motiverait le plus ?
2. Une fois vos goûts ciblés, il est temps d'agir. Soyez sans crainte si vous ne savez pas exactement comment procéder immédiatement, les réponses viendront peu à peu. Gardez le cap. Après tout, les gens qui réussissent ont le courage d'agir, de poursuivre, ce que la majorité des autres n'osent pas faire. Et n'ayez pas peur de l'échec, c'est le plus grand laboratoire du succès.
   Rappelez-vous que la peur n'est qu'un effet de votre imagination. Elle n'a rien de réel.
3. Durant ce processus, remarquez ce qui est facile à faire et ce qui représente un gros effort. Faites bien la distinction entre ce qui est du domaine de la peur et ce qui tient de la résistance.
4. Adaptez-vous. Ne soyez pas trop rigide face à vos objectifs. Vous connaîtrez des hauts et des bas, mais ne renoncez pas.
5. Soyez organisé. Divisez les gros objectifs en petites étapes. Ils seront plus faciles à atteindre, et mesurer votre progression vous aidera à maintenir le cap.
6. Célébrez chacun de vos succès, si petits soient-ils.

Les objectifs ne sont pas fixés une fois pour toutes : régulièrement, vous serez amené à y réfléchir. Si vous rencontrez un obstacle, retournez à l'étape n° 1 : écoutez votre cœur, vos envies ! Ne vous laissez pas influencer par les conseils et méthodes de tel ou tel. Ils projettent leurs propres peurs ; tout ça sous le couvert de vous apporter une certaine protection. Ce sont vos règles et vos choix qui importent. Vous savez ce que vous désirez, alors allez le chercher !

Se fixer des objectifs, c'est bien – ils doivent constituer le point de départ de votre réflexion, nous sommes d'accord –, mais il faut aussi parfois savoir s'en détacher. Vous devez rester souple et savoir faire preuve de flexibilité afin de vous ajuster au fil du parcours. Dites-vous, même si cela peut surprendre, que ce n'est pas la fin qui compte, mais le plaisir de vivre ce parcours et d'évoluer au gré des opportunités. Vous restez maître de vos choix.

Comment garder le cap ?

1. Une fois vos objectifs définis, fixez des priorités en commençant par celui qui aura le plus gros impact sur votre qualité de vie, sur votre rentabilité en entreprise, etc.
2. Gardez votre liste à portée de main. Relisez-la chaque semaine. Si ces buts sont liés à votre entreprise, placez-la devant vos employés (pas devant vos clients).
3. Divisez chaque but en petits morceaux, ce qui les rend plus simples à gérer. Il ne sert à rien de vouloir aller trop vite ; certaines choses nécessitent du temps.
4. Chaque semaine, prévoyez du temps pour avancer sur vos projets. Réservez une journée (ou une demi-journée) pour accomplir ces tâches. Suivez ce modèle régulièrement et vous vivrez de bons instants de vie. Disciplinez-vous !
5. Dans le cas d'objectifs d'entreprise, n'hésitez pas à déléguer certaines tâches à vos collaborateurs.

7 raisons pour lesquelles déléguer certaines tâches

- Témoigner à vos collaborateurs la confiance que vous leur portez.
- Leur permettre de faire preuve d'initiatives.
- Leur offrir un grand facteur de motivation.
- Déceler les talents et peut-être certaines faiblesses à corriger.
- Vous permettre d'avancer plus rapidement vers vos objectifs.
- Créer un effort d'équipe.
- Réduire considérablement votre niveau de stress de gestionnaire.

6. Choisissez-vous un ange gardien (mentor) ; quelqu'un avec qui vous partagerez chaque semaine vos progrès, vos réussites, vos défis (un e-mail suffit).
7. Lisez, écoutez des programmes de développement personnel. Laissez tomber vos peurs et votre incapacité à agir suite à de premières expériences désastreuses.

Exercices

Sur ces liens, vous trouverez quelques exercices à accomplir qui vous permettront de vous projeter davantage dans l'évolution de votre activité.

- Le premier vous aide à déterminer vos objectifs : www.photocoach.com/fr/images/free-download/Déterminer vos objectifs.pdf.
- Le second vous aide à cerner ce que serait votre studio idéal : www.photocoach.com/fr/images/free-download/Studio parfait.pdf.

La photo, c'est de l'art. Parler d'argent, c'est tabou !

Je crois qu'il est temps de s'attaquer à cette question, car elle est au centre de ce livre. Un succès commercial implique de produire des bénéfices, autrement dit de « faire de l'argent ». Pas à n'importe quel prix, on s'entend. Or en photographie, comme dans la plupart des domaines liés à l'art, il existe un conflit entre la communauté d'artistes purs et durs et ceux qui choisissent d'en faire un métier, un gagne-pain. Faites votre choix et respectez ceux des autres. Chacun ses valeurs !

Ici, je m'adresse aux photographes qui ont choisi de concilier l'art et les affaires.

L'argent et notre éducation

La culture française de chaque côté de l'Atlantique se caractérise par, ce qui me semble, un souci commun :

1. celui de croire que faire de l'argent est mauvais ;
2. que ceux qui ont de l'argent ne sont pas de bonnes personnes ;
3. et que faire de l'argent n'est pas noble.

Pendant longtemps, ce complexe m'a taraudé. J'ai dû me battre et je me bats encore contre cette perception profondément ancrée dans nos esprits. Comment ai-je évacué le problème alors ? Avec une pensée toute simple : faire de l'argent ne sera jamais pour moi un objectif, mais seulement un résultat. Pour moi, travailler dans le seul but de faire de l'argent est contre-productif, car je peux en oublier la vraie raison de créer des images, celle de servir une personne pour laquelle cette image a une grande importance. L'argent que cette personne me donnera sera un signe de reconnaissance du travail accompli et me permettra de vivre.

Si je travaille pour une entreprise qui va utiliser mes images pour une campagne promotionnelle, pourquoi devrais-je lui offrir gratuitement mes photos, alors qu'elle tirera des profits de cette publicité ? Si je réalise les portraits d'une famille, pourquoi ne pourrais-je les leur facturer ? Ces images sont importantes à leurs yeux, je me suis investi pour qu'ils soient fiers et heureux du résultat. Pourquoi ne me ferais-je pas payer ? Ne serait-ce pas une manière de nier la valeur de mon travail ?

Le gratuit ou le service rendu à la famille...

Il y aura toujours un membre de votre famille qui vous contactera pour « profiter » de vos talents. Situation qui vous placera sans doute dans un inconfort. Comment y répondre sans entacher les relations familiales ?
« Tante Charlotte, je suis touché que vous appréciiez mon art, mes images. Sachez que faire ce travail pour vous me ferait un grand plaisir. Vous savez aussi que ce travail est mon gagne-pain et la raison pour laquelle je dois y apposer un tarif est liée à ma capacité de subvenir aux besoins de ma famille. Je sais aussi que vous souhaitez que je réussisse dans la vie. Alors, voici ma proposition : au lieu de vous proposer un rabais en argent qui met en péril le succès de mon entreprise, je souhaite vous offrir certains produits ou services supplémentaires pour la même somme. »
Cette suggestion provoque à coup sûr une certaine réflexion chez tante Charlotte qui ne veut pas nécessairement nuire à votre succès – cela va de soi – et surtout vous empêcher de nourrir votre famille. Osez vous affirmer ; vous serez d'autant plus motivé à réaliser le travail si vous savez que vous pouvez le faire dans de bonnes conditions (autrement dit que vous serez rémunéré pour votre prestation). Le raisonnement derrière cette réponse est qu'il vous coûte beaucoup moins cher d'offrir un produit supplémentaire qui sera souvent une copie d'un travail original (duplicata de tirages) que de réduire le tarif de prise de vue qui affectera grandement votre niveau de rentabilité général (voir page 86).

L'argent, cela représente quoi pour vous au juste ?

C'est un outil. Un moyen d'arriver à vos fins. Une ressource qui fera en sorte que vous pourrez nourrir votre famille, apprendre les techniques propres au métier, améliorer vos compétences, partir en vacances, etc. Sans argent, il sera difficile d'arriver à remplir vos obligations et d'espérer continuer à développer votre activité, vous devez l'admettre.

La générosité commence par prendre soin de votre famille, de vos besoins individuels. Une fois ceux-ci bien servis, vous pourrez partager le fruit de vos efforts selon vos convictions.

Voulez-vous faire de l'argent ?

Là est sans doute la vraie question, et voilà un blocage important. Récemment, je questionnais une photographe sur ce sujet et elle me confiait qu'elle ne voulait pas en faire, à cause des charges qu'elle aurait à payer. Très franchement, une fois les taxes déduites, il vous en restera quand même. Mon objectif est de payer des impôts ; pas plus qu'il ne le faut, mais en payer, car si j'en paie, cela signifie que j'en ai les moyens.

Selon moi, avoir un blocage face à l'argent contribue à limiter son développement. Comment voulez-vous vous vendre bien en ayant à l'esprit « je ne veux pas trop faire d'argent parce que : .... [Insérez votre propre raisonnement ici] » ?

L'argent est un outil de travail, rien de plus.

Argent signe d'abondance ?

Pas nécessairement ! L'abondance, ce n'est pas qu'une question d'argent. L'abondance, cela se mesure par la satisfaction de faire ce que nous aimons avec passion. L'abondance, c'est souhaiter avoir ce que nous possédons déjà, autrement dit, avoir le sentiment d'être comblé par ce que nous avons.

Souhaiter l'abondance dans toutes ses formes peut être un élément de motivation extraordinaire.

Je me rappelle ces mots prononcés par un grand sage de la photographie au Québec alors que j'assistais au premier banquet de mon association professionnelle : « Tu sais André, ce n'est pas nécessaire d'être millionnaire en photographie, mais la certitude de faire ce que tu aimes profondément, compte pour beaucoup. » Laurent Cinq Mars était considéré comme le mentor des mentors. Et même s'il avait plus de 60 ans à cette époque, il décrochait encore les plus hauts honneurs dans les concours de photographie.

Une référence universelle

Je crois sincèrement que *Réfléchissez et devenez riche* est de loin le meilleur livre pour apprivoiser vos sentiments négatifs face à l'argent. Napoléon Hill, durant les années 1930, a reçu comme mandat du richissime américain Andrew Carnegie, le roi de l'acier à cette époque, de déterminer si les gens riches étaient très différents de la population en général. Qu'est-ce qui les distingue si tel est le cas ? Sont-ils plus intelligents ?

•••

●●●

À travers ses nombreuses rencontres et recherches, il a prouvé que c'est un état d'esprit qui fait la différence. Ensuite vient la capacité d'apprentissage, la volonté d'apprendre.
Finalement, le mot-clé dans ce titre est « Réfléchissez ». Devenir riche est le résultat de votre réflexion. Un livre à lire et à relire. Je vous promets que vous allez être surpris du contenu. Surtout ne cherchez pas de formules mathématiques, il n'y en a pas. Écrit en 1938, ce livre est encore un best-seller de nos jours. Il y a une raison à cela ; il a changé la vie de millions de personnes.

Surmonter les mythes les plus répandus

Ce n'est pas seulement l'argent qui est tabou en photographie ; plusieurs mythes sont tenaces dans l'esprit des créateurs.

À méditer
« La chose la plus séduisante chez un artiste est la personnalité de l'artiste lui-même. »
Paul Cézanne

1. Mes images se vendront toutes seules.

C'est sans doute le mythe le plus répandu et le plus persistant. Oubliez cela ! Et je ne suis pas le seul à l'affirmer. Tous les photographes qui ont déposé le bilan, qui ne sont plus dans les affaires, qui ont perdu l'illusion que seule la qualité des images suffit, vous le diront.

2. Beaucoup de photographes croient que le succès sera instantané et ne nécessitera aucun effort.

Comme dans tout métier, il faut beaucoup d'efforts et de ressources pour se démarquer. De nos jours, le retour de votre investissement sera proportionnel à votre effort. N'oubliez pas : « On n'a rien sans rien. » Cela signifie aussi que le succès a besoin de temps. La persévérance est une grande qualité.

3. Faire du marketing diminue le niveau de créativité.

Bien au contraire, le marketing exige un niveau de créativité très élevé ! Réussir à transmettre un message percutant à un groupe déterminé est la clé vers une croissance assurée. Observez les différents outils de communication auxquels vous êtes confrontés quotidiennement. Publicités télévisées, bannières sur Internet, courriers, presse, plaquettes diverses et variées.

Quelle est votre réaction lorsque vous recevez un document publicitaire qui ne comporte qu'une offre reposant sur un rabais ? Est-ce que ce message suscite un achat immédiat ? Allez-vous courir vers ce marchand ? Non ! Pourquoi ? Parce que vous n'avez pas été stimulé de la bonne manière. Et trouver cette manière de faire adhérer un client à une proposition, c'est l'œuvre d'un créateur, car cela demande une technique particulière.

4. Vendre au plus bas prix au début va me garantir une bonne clientèle.

Le croyez-vous vraiment ? Quelle sorte de clientèle pensez-vous obtenir en vendant en dessous de la valeur du marché ? Les chercheurs d'aubaine et les profiteurs. Lorsque vous vous serez rendu compte que cette stratégie ne fonctionne pas, quelle sera votre nouvelle stratégie ? Si vous n'avez pas encore mis la clé sous la porte, bien sûr...

Augmentez vos tarifs ! En toute logique, vous vous constituerez alors une toute nouvelle clientèle, puisque celle des profiteurs ne vous permet pas de vous en sortir.

Vous me suivez ? À moins que vous ayez un mode de fonctionnement vous permettant de réduire vos coûts au plus bas pour un rendement optimal (ce qui est rarement le cas) et une offre de services haut de gamme, vous vendre en dessous du marché remettra sérieusement en question la survie de votre activité.

D'ailleurs, vous pouvez être sûr que même si vous avez les tarifs les plus bas de la contrée, il y aura toujours un type plus malin qui essaiera de vous couper l'herbe sous le pied ! Cela vous mène où ?

La pire stratégie pour établir une carte de tarifs est de copier celle de son concurrent surtout s'il a inscrit ses tarifs sur son site Internet. Ne sachant absolument rien de son niveau de rentabilité, en copiant ses prix, vous risquez juste d'obtenir des résultats similaires ou pires.

Si c'est la stratégie que vous voulez adopter – ce que je vous déconseille formellement ! –, essayez au moins de savoir comment se porte votre concurrent. Est-il en affaires depuis longtemps ? Quelle sorte de voiture conduit-il ? Vit-il encore chez ses parents ? Son conjoint travaille-t-il ?

À noter

Pour faire simple, je me suis limité ici aux 5 mythes les plus répandus parmi les photographes, mais si vous souhaitez creuser le sujet, je vous invite à consulter la page www.photocoach.com/fr/images/free-download/Mythes des photographes 1.pdf.

5. Un(e) véritable artiste ne devrait se limiter qu'à la création et perfectionner son art.

Picasso, Annie Leibovitz, Versace, Andy Warhol, Henri Cartier-Bresson, Dali... Croyez-vous que ces artistes n'ont pas consacré beaucoup de temps et d'efforts dans la promotion de leurs styles ? Quel est votre modèle, ce photographe qui vous a influencé dans votre carrière ? Croyez-vous qu'il ou elle s'est limité(e) à la création seulement ? Si vous considérez ce photographe comme un pur artiste, a-t-il eu un succès commercial ?

Vous en méritez autant.

Marche à suivre

1. Sachez définir la véritable valeur de la photographie en explorant les besoins de votre clientèle. Quelle valeur représente pour elle ce travail ?
2. Adoptez le concept du client à vie. Chaque client qui passe la porte, qui envoie un message sur Internet, représente un potentiel de croissance continue ; les réseaux sociaux sont aussi la source de votre croissance. Créez une base de données informatique qui deviendra votre outil le plus précieux (voir page 39).
3. Développez votre sens des affaires. Rassurez-vous, ce ne sera pas contraire à votre esprit de création. Soyez ouvert aux formations spécifiques qui vous permettront de vous perfectionner.
4. Visez l'abondance en tout, incluant l'argent.

Appliquer une stratégie marketing pour se lancer

En lisant le titre de ce chapitre, certains prennent peut-être peur et pensent « Aïe, ça se complique… ». Non, je vous rassure, se lancer en affaires, c'est comme planifier un voyage durant les vacances d'été. La seule différence est que ce périple durera plusieurs années et qu'il risque de vous conduire dans des endroits auxquels vous n'aurez certainement pas pensé. Est-ce une raison pour renoncer au voyage ?

Créer un business plan

Le plus gros souci, c'est que la majorité des photographes, animés par une passion débordante, se lancent sur le seul principe que membres de la famille et amis leur ont dit qu'ils faisaient des images sublimes. « Tes photos sont magnifiques, Julie, tu devrais te lancer. » Imaginez une personne dire à son ami : « Ton omelette est extra, Louis, pourquoi n'ouvres-tu pas un restaurant ? » Cocasse, mais tellement vrai.

Je sais, je sais, vous désirez diffuser votre art le plus rapidement possible sauf que :

- sur quoi vous basez-vous pour savoir que votre travail sera accepté ?
- qu'il y aurait un marché là où vous vivez ?
- que les clients vont affluer pour remplir votre carnet de commandes ?
- que vous serez en mesure de pourvoir aux besoins de votre famille ?

Soyons honnêtes. Combien de photographes ont la chance d'avoir un conjoint qui apporte un véritable salaire à la maison et leur permet d'exercer leur art sans se poser plus de questions sur la rentabilité de leur activité… Mes propos vous choquent ? C'est pourtant la réalité de beaucoup d'entre nous.

Raisons principales du business plan

Pour certains, le business plan est indispensable ; pour d'autres, il ne sert strictement à rien. Selon moi, il a une utilité, qui va bien au-delà de la simple question de la rentabilité économique de votre projet. Voici quelques arguments qui devraient vous convaincre.

1. Un business plan est une étude permettant de **démontrer qu'il existe un marché dans ce que vous envisagez de développer** (votre passion !), autrement dit qu'il existe un véritable potentiel pour que vous réussissiez à dénicher des clients réguliers qui seront prêts à payer pour vos services.
2. Un business plan doit montrer qu'il sera possible de trouver suffisamment de clients pour **vous assurer une qualité de vie confortable** et cela comporte, indubitablement, une sécurité financière.
3. Un business plan doit démontrer que vous êtes en mesure de **développer un style bien à vous,** une signature qui vous distinguera des autres photographes. J'insiste sur ce point, car la concurrence est tellement forte, que seule une personnalité photographique affirmée, couplée à un modèle d'affaires éprouvé sera votre planche de salut. En effet, depuis l'avènement de la photographie numérique, il y a un engouement incroyable pour ce métier et une bonne partie des nouveaux arrivants y voient un moyen facile de se faire de l'argent. Comment voulez-vous vous en sortir si vous n'avez rien de différent à proposer à un marché déjà saturé ?
4. Un business plan vous permet de bien réfléchir à votre projet afin de **déterminer votre volonté à faire ce qui est nécessaire pour réussir :** perfectionner votre technique de prise de vue, d'éclairage, apprendre les rudiments des affaires ou toute autre chose qui vous ferait défaut. Attention, dès la minute où vous chercherez à vendre vos images, c'est-à-dire où vous devrez satisfaire une autre personne qu'un membre de votre famille, il vous faudra être opérationnel sur plusieurs facettes autant sur le plan des affaires que de la technique. Et ça peut être compliqué si le service client n'est pas développé au-delà de toute attente.
5. Un business plan est essentiel dans le cas où vous **chercheriez des financements** auprès de membres de votre famille, d'institutions bancaires ou d'autres sources. Ces personnes voudront s'assurer que votre projet est rentable et que le risque est bien calculé.
6. Finalement, un business plan vous apporte **un sentiment de contrôle.** Sans garantie de succès, il met en évidence un chemin à suivre, ce qui

s'avère précieux dans ce qui deviendra une série de prises de décision importantes pour l'évolution de votre carrière.

Définir un plan marketing

Voici un tableau de ce que devrait comprendre un business plan : ne paniquez surtout pas devant toutes les cases à remplir ! Chaque étape doit vous conforter dans l'idée que vous avez les cartes en main pour que votre projet réussisse.

Vous allez remarquer que je pose de nombreuses questions ; le but est de vous guider dans la mise en place de votre business plan.

Description du projet	Votre mission	Votre vision
Les spécialités	Marché ciblé	Besoins du marché
Lieu de pratique	Clients potentiels	Leurs besoins
Comment les atteindre	Stratégies de ventes	Service clientèle
Prévisions de ventes sur 5 ans	Structure financière (comptable)	Financement
Besoin en personnel	Structure salariale	Fournisseurs

À méditer
« Lorsque l'échec se produit, acceptez-le comme un signal que votre plan n'était pas solide ; refaites ces plans et dirigez-vous vers le but souhaité. » Napoléon Hill

1. **Décrivez votre projet :** que cherchez-vous à faire exactement ? Photo sociale, publicitaire, industrielle, mariage, etc., nous sommes dans une ère de spécialisation. Fini les photographes avec boutique sur rue qui vendent les appareils photo, piles, albums, traitement de fichiers (film), identités et toutes autres activités qui autrefois remplissaient les journées des photographes. Il nous faut nous réapproprier l'essence même de notre métier, qui fut laissée de côté au profit de la vente de matériel. Je ne dis pas que ceux et celles qui réussissent à se tirer d'affaire convenablement avec leur boutique sont voués à l'échec. Je parle aux personnes qui désirent se lancer aujourd'hui ; cibler un marché, une clientèle et tout mettre en place pour se créer une place au soleil est le meilleur moyen pour y arriver.

Ressource
Le lien suivant vous donne accès à un gabarit vous permettant de créer votre business plan : www.photocoach.info/fr/Creer-votre-Plan-d-Affaires.html.

2. **Votre mission :** je répète ce qui fut mentionné dans le chapitre 1 (voir page 9), identifier votre mission est primordial. Souvent confondue avec la vision, la mission est la raison principale pour laquelle vous tenez à faire de la photographie dans un contexte d'affaires et pas seulement dans un contexte de loisirs.
   Autrement dit, pourquoi désirez-vous être un(e) photographe en affaires ? Ne me dites pas parce que vous avez la passion ; la passion est le moteur de toute réussite. Sans passion, pas de motivation, pas de service client, pas de business. Ce que je cherche à vous expliquer,

c'est que la passion pour la photographie peut être assouvie sans pour autant générer des revenus. Je connais de nombreux photographes amateurs qui sont beaucoup plus créatifs et originaux que certains professionnels. Alors que ferez-vous pour changer la vie de vos clients par le truchement de vos images ? Qu'allez-vous apporter de différent dans ce marché saturé de photographes traditionnels ? Comment allez-vous faire vivre des expériences uniques à vos clients ? C'est ça une mission.

3. **Votre vision :** simplifiée par une bonne description de la mission, la vision représente les moyens que vous allez utiliser pour remplir votre mission. Quelle spécialité sera la vôtre ? Quel modèle d'affaires et quel apprentissage du commerce allez-vous approfondir ? Quel sera votre plan de croissance continuel pour améliorer vos compétences ?

Conseil
S'interroger sur sa pratique photo et sur le choix d'une spécialité est l'objet du livre de Fabiène Gay Jacob Vial, *Créer et gérer une activité de photographe,* dont je vous recommande la lecture.

4. **Vos spécialités :** comme je l'ai déjà dit, se spécialiser et proposer aux consommateurs une expérience créative qui vous distingue de vos collègues est aujourd'hui indispensable si vous voulez vous développer et durer. Lorsque je mentionne ce point, on me rétorque souvent qu'il est impossible de se spécialiser quand on vit dans un petit patelin.
Voici ma réponse : il est possible de se créer, où que l'on soit, une signature très distincte, un style bien à soi que les clients reconnaîtront et qui leur donneront envie de faire appel à vous. Je parle d'une technique différente de prise de vue, d'éclairage, de postproduction, mais également d'un autre regard, d'une expérience, de produits offerts...
Regardez tout autour de vous. La concurrence offre ce que je définis comme un produit de base, destiné à plaire à tous, et seul le tarif fera une différence entre chacun. Si vous souhaitez suivre ce chemin, c'est possible, mais armez-vous de patience et de détermination si vous voulez vous développer, car la route sera tortueuse.
Pour prendre une image, ne vous êtes-vous jamais demandé comment, dans un marché hyper concurrentiel qu'est l'automobile, il se pouvait qu'il existe des marques de luxe qui réussissent très bien même en période de récession ? Simplement parce que certains constructeurs offrent des produits qui ont une valeur ajoutée beaucoup plus grande que la moyenne et que leurs clients sont ciblés pour leur goût de produits de ce type.
Vous spécialiser va ainsi vous permettre d'élargir votre champ d'action. Les clients vont vous rechercher pour la particularité de votre offre et pour votre style, et seront prêts à faire des kilomètres afin d'obtenir ce que vous proposez, et que nul autre ne peut leur offrir.

5. **Marché ciblé :** selon votre « spécialité », qui est en mesure d'acheter vos services ? Cela se définit par la région que vous habitez, par

la démographie des gens qui y résident, par la disponibilité de ressources financières pour acheter vos services.

6. **Besoins du marché** : est-ce que ces clients potentiels seront attirés par vos offres ? Y a-t-il un marché dans votre région ? Si vous vivez, par exemple, dans une région fortement peuplée par des retraités, il y a peu d'intérêt à vous spécialiser en photographie de mariage, maternité et enfants. Dans une zone majoritairement composée de résidences familiales, faire de la photographie publicitaire semble tout aussi peu approprié, même si pas incompatible ; il vous faudra aller chercher les clients.
7. **Lieu de pratique** : où prévoyez-vous d'installer votre activité ? Envisagez-vous d'avoir un studio en centre-ville ou à la maison, un local dans une zone commerciale, résidentielle ou industrielle, dans une ville voisine ou dans votre ville d'habitation ? Il faut prévoir un lieu de travail qui réunit le marché ciblé, une clientèle, des possibilités de croissance et une facilité d'accès pour vous et votre clientèle.
8. **Clients potentiels :** aurez-vous suffisamment de clients qui seront en mesure de payer pour vos services et qui trouveront que vos offres sont meilleures que celles de la concurrence sans nécessairement que vous proposiez un tarif plus bas.
9. **Leurs besoins :** connaissez-vous les besoins de vos clients ? Qu'est-ce que les jeunes familles recherchent en service photo ? Et les familles matures dont les enfants sont sur le point de quitter le foyer ? De quoi ont besoin les entreprises manufacturières de votre région qui vendent leurs produits partout sur la planète ?
10. **Comment les atteindre** : quels médiums de communication allez-vous utiliser pour susciter leur intérêt ? Quel sera votre message ? Deux pour le prix d'un ! 50 % de rabais sur la prise de vue ! Qu'est-ce qui fera que ces clients potentiels feront affaire avec vous ? Votre site Internet est-il engageant ?
11. **Stratégies de ventes** : vendre ses œuvres exige un grand talent. En effet, il est beaucoup plus difficile de vendre ses propres travaux qu'il ne l'est pour une autre personne de le faire avec plus d'efficacité. Pourquoi ? Parce que la passion pour votre travail brouille vos chances de réussite.

    Si vous n'aimez vraiment pas la vente, ne vous placez pas dans une situation qui est en dehors de vos forces ; déléguez cette partie à un associé si vous le pouvez, sinon ne pensez-vous pas qu'il faudrait revoir complètement votre projet d'activité ? Si vous concevez la vente comme un acte de violence – pan pourtant essentiel de votre profession –, comment allez-vous pouvoir prospérer ou même durer ? En revanche, si vous vous sentez capable de vendre, n'hésitez pas à vous former pour être à l'aise et confiant dans votre démarche. La vente, cela s'apprend !

12. **Service client :** voilà ce qui fera une énorme (!) différence dans votre réussite, l'une des clés de votre succès. Souvenez-vous d'une expérience d'achat qui fut particulièrement agréable (l'achat d'un appareil électroménager, d'une voiture, d'un vêtement, ou même plus simplement d'un bouquet de fleurs...). Souvent on ne s'en rend pas compte, mais il y a un plaisir à acheter. À l'inverse, je suis persuadé qu'il vous sera beaucoup plus facile de citer une mauvaise expérience. Quels furent vos sentiments ? Insatisfaction, frustration, sentiment de vous être fait flouer, certitude de ne jamais revenir vers ce fournisseur, etc. De votre attitude aux produits que vous proposez, en passant par les petites attentions, le packaging, des tarifs adaptés, etc., tout va contribuer à faire naître un sentiment de plaisir chez votre client, à lui donner envie de conserver un lien avec vous et de vous recommander. La satisfaction du client doit être dans vos priorités ! Vous êtes une activité de services, ne l'oubliez pas.
Que disent vos clients suite à une visite chez vous ? Honnêtement ! Le savez-vous ? C'est un sujet extrêmement important et sur lequel vous pouvez réellement faire la différence avec vos concurrents.

13. **Prévisions de ventes :** quels produits/services allez-vous offrir ? À combien de clients pensez-vous vendre ? Quel sera votre panier moyen ? À quelle fréquence achèteront-ils ? Quelle saison sera la plus occupée ?

Conseil
Pour en savoir plus sur les statuts sociaux et fiscaux du photographe et pour vous guider dans vos choix, je vous recommande l'ouvrage d'Éric Delamarre, *Profession photographe indépendant*.

14. **Structure financière :** quels seront vos besoins financiers ? Sur quelle période de l'année ? Serez-vous en société individuelle ou anonyme ? En autoentrepreneur peut-être ? Qui s'occupera de votre comptabilité ? Êtes-vous en mesure de comprendre et d'analyser les rapports financiers ?
Toutes ces questions, qui ne sont pas nécessairement très attrayantes pour un artiste, sont-elles pour vous source de stress ?

15. **Financement :** savez-vous quel budget sera nécessaire pour lancer votre entreprise ? Évaluez le coût des équipements, formations, infrastructures, mise en marché, charges fixes, salaires, etc. N'oubliez rien ; ne sous-évaluez pas les charges qui vous incomberont.

16. **Besoin en personnel :** désirez-vous tout faire ? Ceci veut essentiellement dire que votre entreprise sera petite, car vos moyens seront restreints. Nul ne peut tout faire ! Il est bon de connaître ses forces

et de gérer ses faiblesses en s'entourant de personnes compétentes. J'aime travailler en équipe et j'apprécie de pouvoir m'appuyer sur des personnes qui contribuent, par leurs propres compétences, à l'expansion de mon entreprise en y trouvant elles-mêmes une grande satisfaction. Savoir déléguer et s'entourer des bonnes personnes, c'est aussi cela être un bon patron.

Le nombre de collaborateurs sera déterminé par votre direction, votre vision. Au début, vous pouvez fort bien faire appel à d'autres prestataires ou à des indépendants, qui vous aideront à vous lancer sans avoir trop de charges sociales. Puis vous verrez au fur et à mesure du temps quels seront vos besoins.

Recruter : s'entourer des bonnes personnes

Le recrutement des personnes qui seront susceptibles de vous entourer – qu'il s'agisse de prestataires extérieurs ou de collaborateurs internes – ne doit pas être fait au hasard. En tant que photographe, vous ne vous sentez pas forcément l'âme d'un manager, et encore moins d'un recruteur, mais si vous voulez développer votre activité, vous ne pourrez probablement pas tout faire tout seul. Vous tourner vers vos amis ou vers les membres de votre famille peut sembler naturel, mais ce n'est probablement pas le meilleur des choix. Ce que vous recherchez va au-delà du simple service, aussi ce qu'il vous faut ce sont des personnes prêtes à s'investir dans votre projet.

Ceci implique que vous procéderez avec un grand soin à l'embauche, car les conséquences peuvent être lourdes, même graves (osons le mot !), pour l'équilibre de votre petite entreprise. Analysez bien les caractères des gens qui se présentent ; s'ils recherchent un emploi quelconque, prenez garde.

Voici quelques-unes des questions que je posais aux candidats lorsque je cherchais à agrandir mon équipe :

1. Pourquoi désirez-vous travailler pour ma société ?
2. Qu'apportez-vous de particulier qui contribuera à la croissance de mon entreprise ?
3. Qu'est-ce qui fait de vous une personne gagnante qui saura faire la différence ici ?
4. Aimez-vous travailler en équipe ?
5. Pourquoi avez-vous quitté votre précédent emploi ?
6. Quelle est votre expérience pour ce poste ?

Vous l'aurez compris, ma stratégie était simple. Je cherchais des gens investis, qui non seulement avaient de l'ambition, mais étaient aussi en mesure d'intégrer mon équipe et de s'adapter à notre mode de fonctionnement. Un jour qu'il me fallait trouver rapidement un photographe déjà opérationnel (autrement dit, qui me demanderait le minimum de formation et d'accompagnement), je me suis laissé emballer par un candidat qui avait un bon potentiel, mais qui a semé le bazar dans l'équipe en seulement 3 semaines. Il m'a fallu réagir vite pour ne pas perdre mes meilleurs employés au profit de cet individu qui se croyait meilleur que les autres.

•••

●●●

N'oubliez jamais ceci : vous êtes le patron, et c'est vous qui décidez de la bonne marche de votre entreprise. Vous aurez à faire des choix qui seront certes parfois difficiles, mais vous serez là pour imprimer une direction. Gardez en tête que les conséquences pour vous seront beaucoup plus grandes que pour n'importe quel autre employé (perte de rentabilité, faillite, etc.), c'est pourquoi vous ne devrez pas hésiter à prendre les décisions qui s'imposent.

17. **Structure salariale :** là encore, on touche un point fondamental. Il y a tant de photographes qui ne se paient pas un salaire (normal), mais se limitent à prendre ce qui reste à la fin du mois ou pire encore à la fin de l'année... Comment pouvez-vous envisager une vie équilibrée de cette façon ? Comment assurer une sécurité financière à votre famille dans ces conditions ?
    Quel que soit votre statut, considérez-vous comme un employé de votre entreprise avec des besoins salariaux équivalents à ceux que vous auriez en travaillant pour une autre société. Dans votre plan de financement, prévoyez-vous un salaire ; c'est légitime !

La question du salaire

Vous dégager un salaire mensuel ? « Impossible au début ! », pensez-vous. En effet, c'est assez compliqué, surtout sans business plan qui vous aide à planifier votre démarche financière. Il est ainsi très courant de voir des photographes se lancer en affaires sans en avoir les moyens simplement parce qu'il est facile de s'équiper d'un bon appareil photo et de réaliser une image correcte, sans songer concrètement à ce que cela leur coûte, à ce qu'ils vont réellement gagner une fois toutes les charges déduites, et à ce qu'il faudrait mettre en place pour qu'une commande succède à une autre commande... Car comment croyez-vous pouvoir vous assurer un salaire régulier si les commandes ne suivent pas ? Il faut bien plus qu'une bonne image pour être un bon professionnel vivant de sa photographie.
Le très gros souci de la plupart des photographes, c'est qu'ils ne mesurent pas leur valeur et qu'ils ne parviennent pas à y apposer un tarif adéquat. C'est pourquoi, sans trop se casser la tête, ils s'alignent sur les tarifs de leurs concurrents, voire se présentent comme moins chers, espérant leur rafler le marché, sans savoir si leurs concurrents sont eux-mêmes rentables. Ceci explique que le salaire moyen du photographe soit si bas. Et pourtant, on peut bien vivre de la photographie à condition de bien penser son activité.

18. **Fournisseurs :** cela n'a rien d'original, la plupart des photographes cherchent les fournisseurs les moins chers, les produits les moins chers et espèrent ainsi être plus compétitifs et obtenir beaucoup d'argent avec leurs services... Cette équation ne fonctionne pas.

Si vous voulez vous distinguer dans votre style, dans votre signature, vous devez sélectionner des produits qui seront cohérents avec votre griffe. Si vous proposez des prestations haut de gamme, à un prix élevé, vous devrez vous approvisionner auprès de fournisseurs de qualité. Si au contraire, vos prestations sont basiques et à des tarifs abordables, vous ferez appel à des fournisseurs d'un niveau de gamme correspondant. Il sera aussi important d'entretenir de bonnes relations avec eux et de les payer en temps et en heure. De bons fournisseurs font partie de votre signature et contribuent à votre réussite.

À méditer
« Tout semble impossible jusqu'au moment où vous réussissez à le faire. » Nelson Mandela

Conclusion

Une fois tous ces points passés en revue, vous serez prêt à passer à l'action à condition que le bilan soit favorable ! Soyez honnête avec vous-même, et veillez à ne pas vous laisser influencer que par les points positifs. Regardez bien tous les éléments dans leur ensemble ; voyez comment remédier aux points négatifs. Ne fermez pas les yeux sur d'éventuels handicaps et réorientez votre projet s'il le faut. Il serait dommage de partir sur une mauvaise piste. N'hésitez pas non plus à solliciter les conseils de quelques personnes avisées, elles auront le recul nécessaire pour vous aider à bien cerner votre projet et ses faiblesses hypothétiques. En résumé, donnez-vous toutes les chances de démarrer dans les meilleures conditions possible ; veillez toutefois à ne pas passer plus de temps qu'il n'en faut sur ces démarches au risque de vous décourager.

En suivant ce lien www.photocoach.com/fr/images/free-download/marketing succes.zip, vous découvrirez deux schémas qui représentent les différentes composantes d'un studio en photographie. Je vous invite à lire le premier tableau en commençant en haut à droite puis à poursuivre votre lecture sur la droite pour découvrir les étapes qui demandent réflexion, et à passer ensuite en haut à gauche.

Comment procéder à votre analyse ? C'est simple, interrogez-vous sur la pertinence de chaque point dans votre modèle d'affaires. S'il est important, surlignez-le ; continuez ainsi de suite pour identifier tous les éléments qui devront être pris en compte lors de la création de votre studio (idéal).

Mettre en place une gestion efficace

On imagine aisément que le simple mot « gestion » puisse écorcher les oreilles d'un artiste. Pourtant, composer une image, c'est assembler des formes, des couleurs, des sujets dans un espace visuel défini. Vous serez d'accord avec moi, c'est une affaire de gestion. Tout doit être en harmonie au risque de courir au chaos graphique.

Pourquoi la *Joconde* est-elle si attirante ? Pour son équilibre et pour la beauté simple du sujet. Léonard de Vinci, en plus d'être un créateur hors pair, était aussi un grand mathématicien. Pourquoi serait-ce différent avec votre horaire de travail et votre organisation du studio en général ?

Par où débuter ?

Le temps semble être le sujet le plus important pour la grande majorité des gens, car, il y a une seule justice pour tout le monde sur cette planète : 24 heures dans une journée. La manière avec laquelle vous allez gérer chacune de ces 86 400 secondes ne tient qu'à vous selon les priorités que vous établirez. En tant que patron, il n'est pas pensable que vous laissiez à d'autres le contrôle de votre organisation. Personne n'a le droit de gérer votre temps à votre place et sans votre consentement.

Le sujet de la gestion du temps fait couler beaucoup d'encre. Chacun a sa petite recette et est prêt à la partager. C'est très bien, mais la recette de Paul ou de Stéphanie n'est pas forcément la vôtre. Vous devez trouver celle qui vous convient et qui vous permettra d'être efficace.

Pour organiser mes journées, j'utilise deux systèmes qui n'ont rien de révolutionnaire : d'une part, un carnet électronique (Google Agenda) qui me permet de gérer tous mes rendez-vous, et d'autre part, des listes établies au jour le jour sur des bouts de papier et qui m'aident à avancer pas à pas tout au long de la journée. Rayer au fur et à mesure ce qui a été fait me motive, et même s'il y a toujours un ou plusieurs items qui restent sur la fameuse liste, cela ne me décourage pas. Je les reporte au lendemain en m'assurant d'avoir tout de même accompli les tâches prioritaires.

Je possède une autre liste à moyen et long terme, qui me permet de garder en ligne de mire les projets et les étapes les plus importantes.

Trouvez votre propre système de gestion et soyez-y fidèle le plus possible. Il y a tellement d'outils d'aide offerts sur Internet, qu'il n'y a plus d'excuses pour ne pas s'en servir. Vous aurez le sentiment de contrôler, en quelque sorte, votre quotidien.

Est-ce que cela éliminera tous les obstacles ? Bien sûr que non, mais cela devrait vous aider à les surmonter sans trop de stress. Après tout, la vie est faite d'épreuves ; il n'y a donc rien d'anormal à ce que vous puissiez rencontrer quelques difficultés, même en ayant réalisé un business plan et en étant bien organisé.

Finalement, la véritable question devrait être : est-ce que nous gérons le temps ou est-ce que nous gérons nos activités dans un délai imparti ?

Et quoi d'autre ?

À part le temps, il y a la gestion du travail en lui-même, les prises de vue, la postproduction, le service client sous toutes ses formes, la gestion financière de l'entreprise, les employés ou prestataires... Comment se libérer de toutes ces tâches qui n'ont rien à voir avec votre créativité ?

Soyons honnêtes, vous ne pourrez jamais vous en libérer totalement à moins d'y investir une bonne somme d'argent et de déléguer. Quelque part, c'est un peu la rançon du succès. Adaptez-vous !

En revanche, il est possible et même essentiel pour vous de déterminer vos forces et de gérer vos lacunes en vous entourant des personnes compétentes. Oui, cela a un coût, mais n'y gagnerez-vous pas en temps et en efficacité en déléguant certaines besognes à des personnes qui feront de vos faiblesses, les forces de l'entreprise ?

À noter
Admettre que vous ne pouvez pas tout faire est une preuve de maturité en affaires.

L'art de déléguer

Parfois, la tâche sera mieux accomplie par quelqu'un qui ne sera pas stressé par des dates butoirs et des tâches administratives comme vous, et qui par ailleurs aura un point de vue différent du vôtre ou saura faire preuve de davantage de recul. Il est évident que cette personne agira à sa manière ; analysez le résultat final et ne vous focalisez pas nécessairement sur le processus. C'est le résultat qui compte.

8 étapes à suivre pour mieux déléguer

- Posez-vous la question suivante : est-ce que cette tâche peut être confiée à une tierce personne ? Elle n'a peut-être pas autant d'importance que vous le croyez ; peut-être une autre personne fera-t-elle aussi bien que vous, et pourrez-vous, de votre côté, vous dégager du temps pour quelque chose de plus constructif (rendez-vous prospect, prise de vue, etc.) ? Alors, réfléchissez bien avant de vous en charger vous-même et d'allonger votre liste de tâches à accomplir.
- Ne gardez pas toutes les « belles » tâches pour vous. Sachez aussi déléguer certains projets intéressants à vos employés ; non seulement ce sera motivant pour eux, mais cela témoignera de votre confiance à leur égard et dans leurs capacités.
- Déléguer, cela s'organise. Avant de confier une tâche (retouches, réalisation d'un album, prises de vue...), voyez qui de vos employés est intéressé par la mission et s'il est disponible pour l'accomplir dans le délai prévu. Vous déléguez pour gagner du temps, il n'est donc pas question de perdre x jours si la personne n'est pas libre.
- Formez vos employés pour qu'ils soient efficaces en tous points sur les tâches que vous pourrez leur confier. Lorsque vous avez terminé la

présentation d'un projet, vérifiez que votre employé a bien compris ce que l'on attend de lui. Ne vous contentez pas d'un « oui » rapide ; assurez-vous que les détails ont été bien saisis. Vos employés et vos produits sont votre meilleure publicité ; rappelez-vous qu'un client déçu ne reviendra pas, c'est pourquoi vous devez être certain de pouvoir offrir le meilleur service possible (qu'il soit assuré par vos soins ou par ceux de l'un des membres de votre équipe).

- Vous pouvez déléguer progressivement et demander des rapports de suivi.
- Laissez vos employés travailler en paix. Attendez-vous à de petits accrocs au début. Soyez compréhensif ; l'expérience s'acquiert avec la pratique.
- Vos employés seront plus performants avec une bonne organisation. Répartissez les tâches de manière équilibrée pour bâtir une équipe forte et polyvalente.
- Pour être efficaces, vos employés doivent être responsables et sentir qu'ils ont votre confiance.

Une réunion quotidienne de production est essentielle afin de garder le contrôle sur vos activités. Si vous êtes seul, prenez 10 minutes chaque jour pour réfléchir à la journée, vous y gagnerez.

Dans mon studio, tous les matins, Chantal, la réceptionniste, gérait la réunion. Chaque chargé de projet donnait des indications sur l'évolution de ses « dossiers ». Chantal nous annonçait ensuite les noms des clients qui seraient sur place durant la journée. De cette manière, tout le personnel était au courant de ce qui pouvait se passer à tel ou tel moment.

Comment être efficace ?

Pour moi, pas de mystère, la discipline est l'une des clés de l'efficacité… Or, s'il existait un livre qui illustre toutes les étapes à suivre, je suis sceptique quant au fait que les artistes photographes veuillent le lire, et encore moins en suivre les directives. Pourquoi ? Parce que les artistes cherchent avant tout à créer, même au prix de l'efficacité ; ils ne sont pas de ceux qui appliquent des recettes toutes faites.

La meilleure recette est d'identifier les activités qui doivent être créatives (conceptualisation, prise de vue, postproduction, service client), de se familiariser avec des procédures administratives déjà établies et de les adapter à votre entreprise.

Maîtriser la technique

Le vrai pro est celui qui maîtrise non seulement la technique de base, mais aussi les outils qui sont à sa disposition afin de pouvoir créer librement, détaché de toute question matérielle, mécanique.

Il y a de nombreuses années, j'ai eu l'immense plaisir de suivre un stage avec l'un des photographes les plus créatifs et en même temps les plus compétents au monde : Dean Collins. Sa personnalité était tellement chaleureuse et attachante que tous ceux qui le côtoyaient avaient l'impression de voir un ami. Voici ce qu'il m'a dit : « André, mon objectif est de te fournir tous les outils techniques afin que tu puisses éliminer les soucis liés à la "mécanique" de création d'une image. Calcul précis de l'éclairage, analyse des contrastes dans une scène, utilisation des appareils les plus performants, etc. De cette façon, tu pourras te concentrer sur la création et la communication avec ton client. » Cela tombe sous le sens, me direz-vous ; après tout, en formulant le souhait de devenir photographe, j'espère que vous êtes vraiment à l'aise, même irréprochable, techniquement... L'êtes-vous réellement ?

Maîtriser ou déléguer la postproduction

Je vous entends déjà dire que le traitement des images fait partie de votre processus de création. Vous avez raison. En revanche, cela signifie-t-il que vous deviez vous en charger obligatoirement ? Un artiste prévisualise le produit final et fait en sorte qu'il puisse créer le plus simplement possible, sans détour, grâce à l'expérience acquise. Après tout, la recette d'une bouillabaisse peut comporter certaines différences locales dans le but d'y apposer une signature, un goût, mais la base demeure la même.

Ce que je veux dire, c'est que vous devez trouver votre signature et la garder constante. C'est ce style bien singulier qui poussera les prospects à faire des kilomètres pour venir vous voir.

Lorsque j'étais propriétaire d'un studio, je me consacrais principalement à faire les prises de vue, à contacter les clients et à assurer un suivi constant afin de garantir une clientèle à vie. J'étais aussi responsable de certaines tâches de contrôle financier. Je faisais très peu de travail de laboratoire – nous étions encore à l'ère de l'argentique –, car je jugeais que ce n'était pas mon domaine de compétence. De plus, je n'aurais pu justifier le tarif que j'aurais alors dû appliquer. C'est exactement le même scénario avec la photographie numérique. Pourquoi vous sentez-vous obligé de faire toute la postproduction ? Pour garder l'esprit créatif ?! Si c'est le cas, alors assurez-vous d'avoir une gamme de tarifs qui correspondent réellement au travail effectué, car chaque tâche que vous allez effectuer va avoir une incidence sur le montant que vous allez facturer au client (vous travaillez, c'est donc normal, non ?).

Faites-vous payer pour votre travail et ne sous-évaluez pas le temps passé sur le post-traitement. Avez-vous déjà calculé ce que vaut chaque heure de votre présence dans votre entreprise ? Fort probablement non.

Vous allez constater que vous êtes l'employé qui coûte le plus cher dans votre entreprise.

Voici comment y arriver : quel salaire souhaiteriez-vous avoir pour considérer que vous avez réussi dans votre entreprise ? 50 000, 75 000, 100 000 € ? Attention, il s'agit de chiffres bruts incluant toutes les charges.

À noter
Les chiffres de salaire indiqués sont bruts et ils sont déterminants dans l'élaboration de vos tarifs. Il est très délicat de faire des calculs à partir d'un salaire net mensuel. Si c'est important pour vous, renseignez-vous auprès de votre comptable pour savoir quel devrait être votre salaire brut en partant du salaire net que vous désirez obtenir.

Que représente un salaire brut annuel de 75 000 € ? Calculons le taux horaire vous permettant d'atteindre ce revenu. Sur les 52 semaines de l'année, admettons que vous travailliez 47 semaines (vous vous réservez 5 semaines de vacances), soit 235 jours. 235 jours correspondent à environ 1 800 heures de travail, si l'on se base sur des journées de travail de 8 heures. En divisant le salaire annuel désiré par ce nombre d'heures, on obtient le taux horaire (41,66 € pour notre exemple). Autrement dit, chaque heure passée dans votre studio, en prise de vue, en rendez-vous client ou derrière votre ordinateur vous coûte 41,66 €. Si vous passez 30 minutes à retoucher une image, vous devrez ajouter 20,83 € au coût de production de cette image plus les frais de tirage. Imaginez alors à quel prix que vous devrez vendre ce tirage... Les chiffres utilisés dans cet exemple sont purement indicatifs ; par ce calcul, je souhaite simplement vous expliquer que si vous maîtrisez bien les logiciels de post-traitement, il n'y aura pas de soucis, mais si pipette, pinceau et calque vous donnent du fil à retordre comment pourrez-vous justifier vos factures à vos clients ? Ne serait-il pas plus intéressant, pour vous comme pour eux, de faire appel à quelqu'un ?

Utiliser des logiciels performants

À noter
La plupart des logiciels sortent en anglais, mais ceux que je vous signale existent en français.

Il existe actuellement sur le marché toute une série de logiciels qui favoriseront grandement votre performance et votre rentabilité sur divers aspects du métier. La liste que je vous propose n'est pas exhaustive, mais présente des outils vraiment pertinents, qui vous seront utiles, j'insiste sur ce point ! De nouveaux produits sortent régulièrement sur le marché, renseignez-vous et ne vous laissez pas dépasser.

- **Gestion de vos ventes :** ProSelect, un logiciel adapté pour le marché de la photographie sociale en particulier, essentiel pour vous assurer un panier de ventes bien garni. Plusieurs de mes clients ont investi dans cet outil indispensable et leurs ventes sont passées à un niveau très supérieur. Très raisonnable à l'achat, il représente un investissement minime au vu des ventes générées. L'outil est distribué par la société Planche Contact (http://planchecontact.com) en France qui assure également des sessions de formation.

- **Création de votre site Internet :** http://fr.intothedarkroom.com/ liste une série de plates-formes simples à utiliser et maintenir, dédiée au marché de la photographie.
- **Gestion de votre production :** Photoshop, Lightroom, Corel Painter, Bridge… De nombreux ouvrages, magazines et tutoriels en ligne vous guident dans la manipulation de ces outils.
- **Gestion de votre base de données :** iCloud, Google et Windows proposent un certain nombre de solutions gratuites pour gérer efficacement ses informations clients, calendriers et flux du quotidien (systèmes de ToDoList). D'autres outils permettent d'aller plus loin dans le suivi commercial, la gestion des relances et la facturation (voir note ci-contre).

Ressource
Sur ce lien, vous trouverez un compte rendu assez détaillé rédigé par Samuel Malarik de la société Planche Contact concernant les outils de gestion : www.photocoach.com/fr/images/Évaluation des Outils de gestion.pdf.

En anglais

Ces logiciels de gestion de studio sont très performants ; je vous conseille toutefois de prendre le temps de les tester avant d'acheter, afin d'opter pour celui qui vous convient le mieux. Plusieurs offrent des tarifs mensuels, ce qui évite un gros investissement au départ :

- Successware : www.successware.net ;
- Studio Plus : www.studioplussoftware.com ;
- ShootQ : www.shootq.com ;
- Studio Cloud : www.studiocloud.com ;
- Tave 3.0 : www.tave.com ;
- Simply Studio : www.simplystudio.com ;
- Genbook : www.genbook.com ;
- Bento : www.filemaker.com/products/bento ;
- Light Blue V3 : www.lightbluesoftware.com.

Prévoyez une courbe d'apprentissage en lien avec vos compétences informatiques et avec votre maîtrise de ces nouveaux outils.
Si vous êtes à l'aise en anglais, ce lien donne une évaluation de ces différentes solutions : www.pdnonline.com/gear/The-Best-Software-fo-6764.shtml.

Si votre studio ne possède pas de logiciel de gestion qui inclut les caractéristiques essentielles de gestion de contacts, vous devez vous procurer un tel système, c'est un petit investissement qui amène de grandes retombées. Ces logiciels vous permettront de gérer votre clientèle, les contacts réguliers à maintenir avec elle, les promotions durant une année, etc. De plus en plus, ces outils sont indispensables afin d'assurer un service client à la mesure de vos ambitions et développement.

Les logiciels cités sont reconnus comme étant les meilleurs programmes disponibles. La plupart offrent un essai gratuit, mais commencez quand même par faire une comparaison afin de limiter votre choix.

Marche à suivre

1. Faites une analyse précise de vos étapes de production dès le départ (prise de vue, édition des fichiers, retouche finale, contact client, achat de fournitures ou contacts fournisseurs, etc.).
2. Si votre activité est déjà lancée, prenez le temps de faire cette analyse. Votre expérience vous aidera grandement à cibler les tâches qui profiteraient d'une plus grande efficacité.
3. Apprenez à en déléguer certaines, notamment celles qui sont particulièrement chronophages et qui ne vous permettront jamais d'atteindre vos objectifs.
4. Utilisez les outils les plus performants et qui sont disponibles sur le Web.
5. Calculez bien les sommes (importantes) que ces outils vous permettront d'économiser.

Définir, identifier et connaître votre marché

4

Ce que je vais développer ici est d'une importance capitale dans la bonne marche de votre entreprise. Demandez-vous tout d'abord quel genre de photographie vous souhaiteriez faire ? Ne me répondez pas que vous aimez « tout » en photographie et que vous pouvez « tout » photographier.

Comme nous l'avons vu dans les premières pages de ce livre, de nos jours, la meilleure façon de réussir est de cibler une activité bien précise et de développer un style, une image, une signature qui sauront vous distinguer des milliers de photographes qui inondent le marché. Être polyvalent, c'est bien, mais vos clients attendent de vous que vous soyez « un » spécialiste, « le » spécialiste, qui saura répondre exactement à « leur » demande. À savoir un peu tout faire, on ne maîtrise finalement rien.

Selon vous, qui demande un plus gros tarif pour ses services ? Un généraliste ou un spécialiste ?

Se spécialiser : pourquoi et comment ?

En ciblant une activité précise :

- vous simplifierez de beaucoup votre courbe d'apprentissage pour éventuellement devenir une référence, un « expert », sur ce marché. Vous pourrez donc étudier et perfectionner votre technique au-delà de toute concurrence ;
- il sera plus facile de déterminer s'il existe un marché pour ce que vous voulez créer. Admettons, par exemple, que vous adoriez photographier des fleurs exotiques. Vous maîtrisez à fond les techniques d'éclairage, de prise de vue. Vous connaissez les étapes de croissance d'un grand nombre de plantes. Votre technique en postproduction vous permet de transformer vos images en œuvres d'art exceptionnelles. C'est très

bien, essayez maintenant de répondre aux questions suivantes pour mesurer le potentiel de votre activité :

– Qui achètera vos images ? Quel public, quelle clientèle visez-vous ?
– Où allez-vous les exposer ? Comment votre cible va-t-elle prendre connaissance de votre travail ?
– Comment allez-vous en faire la promotion ? Au-delà de votre première cible, comment allez-vous vous créer un marché ?
– À quel prix allez-vous vendre vos images ?

Photographie de mariage

Il est incontestable que ce marché attire un grand nombre de « nouveaux photographes » qui y voient une opportunité de se créer une entreprise. La plupart s'y prennent avec maladresse, uniquement motivés par la passion pure de faire des images sans égard aux tarifs qui doivent être respectés, causant un tort irréparable à leurs confrères et plus globalement à la profession en bradant leurs images.
Ne voyez pas dans mes propos une tentative de vous décourager, mais plutôt un éveil sur une réalité à laquelle vous serez peut-être confronté un jour ou l'autre. La photographie de mariage est une spécialité porteuse et stimulante, à condition de bien la concevoir : cerner et cibler un public, définir une gamme de prestations et établir une grille tarifaire adaptée, construire son image de marque et se promouvoir...

Une fois mesuré le potentiel de votre activité, vous pourrez vous lancer. Votre objectif ultime est de « vendre » vos images pour bien vivre de votre passion, votre art. Pas de marché, pas de clients ; pas de clients, pas de vente, pas de studio, et finalement pas de satisfaction... Pire, la perte du plaisir à faire de la photographie peut aller jusqu'au dégoût, et les conséquences pour vous et les vôtres peuvent être tragiques si vous ne pouvez plus exercer votre art.

8 moyens pour cibler votre marché

1. **La première étape consiste à identifier le secteur qui vous passionne le plus en photographie.** Souhaitons que cette activité soit « commercialisable » et porteuse :

   – photographie sociale, portrait, mariage, maternité, enfant, identité, couple, glamour, etc. ;
   – architecture, industrielle, publicitaire, événements, reportage, éditorial, etc. ;
   – judiciaire, corporative, médicale, scientifique, etc.

Tous ces thèmes peuvent cohabiter, me direz-vous. Oui, sauf que certains sont aussi pratiqués par une très grande majorité de photographes, qui les traitent peut-être de manière exclusive, alors comment pensez-vous vous distinguer d'eux, hormis en jouant sur les tarifs ?

2. **Analysez la concurrence existant dans le marché ciblé sur le plan géographique.** Encore une fois, plus vous aurez une spécialité précise, plus le territoire à couvrir sera grand. La meilleure façon de procéder est d'étudier les sites Internet de vos collègues dans votre région afin de trouver une manière de vous positionner dans une « niche » bien à vous.

3. **Déterminez si le produit que vous offrez est égal ou supérieur en qualité à ce que propose votre concurrence.** Évitez de vous placer au même niveau, vous aurez plus de difficultés à vous démarquer et à vous implanter. De nombreux photographes, probablement attirés par des budgets potentiellement plus élevés, souhaiteraient travailler dans le haut de gamme uniquement, c'est un marché pourtant difficile à atteindre et à conserver. Pour pénétrer ce type de clientèle, tout, de votre attitude, aux produits proposés, en passant par votre image de marque et vos grilles de tarifs, devra être à la hauteur de ses exigences. Rassurez-vous, viser une clientèle haut de gamme n'a cependant rien d'obligatoire pour bien vivre de la photographie.

4. **Essayez de connaître les tarifs pratiqués dans le secteur d'activité visé afin de déterminer si vous pourriez atteindre la rentabilité souhaitée.** Le but n'est pas de copier, ni de casser le marché en pratiquant des tarifs plus bas (le « moins cher » est vraiment la pire des stratégies à adopter), mais de pouvoir vous positionner autrement, et ce en cohérence avec les prestations que vous développerez.
   L'idéal est de bien calculer vos tarifs selon les charges que vous avez à rencontrer incluant un salaire décent. Je vous propose un modèle plus loin.

5. **Demandez-vous qui achètera ce genre de service.** Personnes, groupe de personnes, sociétés, organismes gouvernementaux.

6. **Interrogez-vous sur l'acte d'achat en lui-même : comment achètent-ils ?** Par devis suite à une publicité (laquelle ?), par représentation, bouche à oreille, références.

7. **Identifiez les compétences que vous devriez maîtriser afin de percer ce marché et de vous distinguer de la concurrence.**

8. **Enfin, vérifiez s'il y a saturation d'offres dans ce marché particulier.** Essayez aussi de savoir comment il évolue, s'il est en pleine croissance ou dans une phase de déclin.

Toutes ces réponses devraient vous orienter vers une vision plus précise sur vos chances de succès.

Marche à suivre

1. Ciblez avec précision le marché que vous désirez servir avec des prestations originales et innovantes, bien distinctes de ce que proposent vos concurrents.
2. Cette démarche vous fera gagner du temps et de l'argent, et vous placera dans une « niche » en dehors de la concurrence si présente.
3. Soyez, encore une fois, honnête envers les conclusions tirées de cette analyse et agissez pour améliorer vos chances de réussite.

Bâtir une clientèle à partir de rien

Ce chapitre s'adresse principalement à ceux et celles qui se lancent en affaires et qui n'ont pas encore de clientèle établie. Je sais très bien que savoir qui achètera ses services et ses images représente un énorme défi pour qui prend la décision de vivre de la photographie.

Suivez bien la logique que je vous propose ; elle vous fera gagner du temps et de l'argent.

Au préalable, définir son modèle d'activité

Pour commencer, quel modèle d'activité allez-vous suivre ?

1. **Le « magasin traditionnel »** qui offre des services à toute la population (matériel photo, tirages pour les clients, photos d'identité, accessoires, prises de vue studio, encadrements, etc.). C'est le modèle qui vient encore en tête d'un certain nombre de photographes aujourd'hui, mais il comporte, selon moi, plus de risques.
   À ceux qui envisagent cette option, je conseille de regarder, dans la zone géographique visée, du côté des propriétaires de studio approchant de la retraite et qui aimeraient vendre leur activité. Analysez bien la rentabilité, la réputation, la clientèle de ces commerçants pour savoir s'il y a un vrai potentiel à prendre leur suite ou si c'est peine perdue d'avance.
2. **Le studio qui offre les services de prises de vue en général** (photographie sociale, soient mariages, baptêmes, anniversaires, portraits, identité...) sans la vente de matériel.

3. **Le studio galerie** qui propose des services plus spécialisés à une clientèle prédéterminée, du type maternité et petite enfance ; mariage et portrait de couple ; industriel et architecture ; mode et publicité ; etc. Ceci suppose une réflexion particulière quant au lieu d'implantation afin que l'endroit soit accessible à la future clientèle, ainsi qu'une tarification adaptée au modèle économique développé.

4. **Le service aux entreprises.** Les industriels, les commerçants, et les agences de communication seront vos clients. La clientèle de consommateurs n'est pas nécessairement votre marché principal ; elle peut toutefois constituer un à-côté.

5. **Des services combinés,** autrement dit vous développerez une spécialité sociale et une autre destinée aux entreprises. Ce modèle va nécessiter deux identités distinctes, deux sites Internet, deux images corporatives afin de toucher chacune des cibles visées.

Tous ces modèles comportent souvent un élément en commun : des murs. Un emplacement avec pignon sur rue.

Avant de vous lancer à la conquête de murs, à la recherche du meilleur spot, il y a quelques points à considérer.

1. Des murs, est-ce vraiment nécessaire à cette étape, dans votre spécialisation ?

2. Si oui, quel serait l'emplacement idéal pour que la clientèle soit attirée par votre entreprise ? Est-il d'ailleurs impératif de posséder une vitrine ? Selon le type de photo pratiqué, vous ne vous adressez pas forcément aux passants du quartier.

3. Quelle superficie de plancher serait nécessaire ? Si cet emplacement semble idéal pour l'instant, propose-t-il un potentiel d'extension (à moyen ou long terme) ?

4. Quel budget allez-vous y investir ? Investir entre 5 et 7 % de votre chiffre d'affaires paraît raisonnable au début ; vous pouvez bien entendu aller un peu plus haut, mais il faudra en tenir compte sur les autres postes de charges.

5. Quelles sont les améliorations locatives nécessaires à apporter et qui supportera ces frais ? vous ou le propriétaire avec un étalement progressif sur votre loyer ? Certains propriétaires sont prêts à offrir certaines améliorations à leurs frais en échange d'un bail à long terme (3 ou 5 ans), c'est une manière pour eux de se garantir une stabilité qui finit par leur occasionner moins de frais.

6. Comment la décoration des lieux va-t-elle vous permettre de vous créer une identité conforme au service que vous souhaitez développer ? Cet élément est crucial dans votre marque de commerce « branding ».

D'expérience

Lorsque j'ai créé mon studio, la décision a été prise très vite. Nous étions deux à nous lancer, et je connaissais à peine mon associé... Portés par notre enthousiasme, nous avons brûlé des étapes... Bien mal nous en a pris.
Nous avions repéré un local de 30 m² situé dans un quartier populaire, animé de commerces variés, sans lien avec le type de clientèle que nous visions, et placé à côté d'une pizzeria. Nous voulions toucher une clientèle assez large, sans nous en faire une idée plus précise. Notre offre portait à la fois sur de la vente de matériel photo et sur un service très complet (prises de vue de mariage, portrait général, enfant, photo d'identité...), bref nous pouvions tout faire.
Résultat... Le lieu était trop petit et ne permettait aucune extension ; l'emplacement n'était pas non plus propice à attirer la clientèle recherchée. Le voisinage était bruyant et dérangeant (je vous épargne les odeurs de cuisine toute la journée...).
Après 2 années très difficiles, durant lesquelles nous arrivions à peine à couvrir nos petits salaires, et alors que le déficit financier se creusait, mon associé est parti. Il tenait, dès le début, à ce que nous ayons ce modèle d'affaires généraliste, qui pouvait convenir à tout le monde, mais cela ne concordait pas avec ma propre vision d'une activité de photographe. Aussi, une fois seul aux commandes, j'ai pu amorcer le processus de spécialisation qui s'est étalé sur les 4 années qui ont suivi : finie la vente de matériel, choix d'un nouvel emplacement, ciblage d'une clientèle plus sélective... Le changement a pris du temps à cause des moyens limités dont je disposais, mais je savais où j'allais.

Attention
Certains règlements municipaux interdisent d'exercer une activité professionnelle dans un local d'habitation. Si vous êtes locataire, vérifiez auprès de votre propriétaire ; si vous êtes propriétaire, renseignez-vous dans votre mairie.

Aujourd'hui, posséder un studio n'a rien d'indispensable pour la plupart des photographes (sans même parler des problèmes de budget que peut poser une location) ; la photographie est un métier que l'on peut facilement exercer depuis chez soi – tout dépend, bien sûr, de sa « spécialité » et surtout de la clientèle visée. Et grâce à Internet, avoir une vitrine montrant son travail n'a plus rien d'obligatoire. C'est d'ailleurs ainsi que procèdent la majorité des photographes qui débutent. En revanche, il faut bien avouer que selon le type de clientèle ciblée, recevoir vos clients à la maison ou dans un café ne transmettra pas le message de confiance et de professionnalisme que certains clients recherchent.

Vous avez maintenant les cartes en main pour savoir quel sera le profil de votre activité.

Marche à suivre

1. Identifiez avec précision votre modèle d'affaires.
2. Déterminez les infrastructures nécessaires.
3. Commencez à envisager une identité graphique selon votre spécialité.

Développer sa clientèle

Cette section s'adresse aussi bien aux photographes qui démarrent leur activité qu'à ceux qui sont déjà dans les affaires et qui cherchent à se constituer une nouvelle clientèle pour mieux vivre.

Tenons pour acquis que vous avez déterminé qu'il y a un vrai marché pour votre activité et qu'il sera rentable à court terme ; reste à monter une clientèle. La première réaction serait de faire une publicité massive dans les médias locaux qu'ils soient traditionnels ou virtuels. Je vous arrête tout de suite ; plusieurs étapes doivent précéder le lancement de votre carrière. Car pour toucher une certaine clientèle, il faut définir plus précisément encore votre activité.

Que vous soyez photographe débutant, terminant tout juste votre apprentissage technique, ou déjà sur le marché, vous n'agirez pas de la même manière pour constituer votre clientèle, et ce quel que soit votre domaine de prédilection.

Quand on est jeune entrepreneur

Quand on démarre en photographie, quatre options sont généralement possibles :

- obtenir une expérience sur le terrain en travaillant comme apprenti ;
- devenir photographe salarié ;
- s'associer avec un collègue ;
- ou se lancer seul dans l'aventure.

1. **L'apprentissage** : il s'agit de loin de la manière la plus profitable pour apprendre, car vous serez confronté directement à la pratique du métier, tant du point de vue technique que du point de vue commercial. Ce sera le choc de la réalité, car vos années en « vase clos » ne vous auront apporté que très peu sur ces aspects concrets de la profession.
   Le photographe d'expérience auprès duquel vous ferez vos armes est bien conscient qu'un jour, vous vous lancerez à votre tour en affaires.

De votre côté, il faut bien analyser si vous avez la graine d'entrepreneur, car ce n'est pas donné à tout le monde d'être en affaires. Dans mon studio, j'avais un besoin essentiel d'une main-d'œuvre très performante, mais ces photographes n'avaient aucune intention de devenir indépendants. 25 ans plus tard, ils sont encore au service du même studio et ils sont heureux du cheminement de leur carrière.
Au cours de votre apprentissage, je vous suggère d'être comme une « éponge ». Ceci veut dire absorber tout ce qui passe et faire preuve d'initiative chaque jour. Qui sait, le photographe propriétaire verra peut-être en vous, un remplaçant potentiel pour prendre sa suite, ce qui s'avérerait une belle opportunité, car vous aurez contribué à développer la valeur de ce studio et vous en connaîtrez les procédures et clients.
Un dernier conseil, si votre séjour au studio est de courte durée (1 à 3 ans), je vous recommande vivement de vous constituer votre propre clientèle et de ne pas partir avec les clients de votre ancien employeur, celui-là même qui vous a donné la chance de vous former. La courtoisie aura toujours ses retombées positives.

2. **Photographe salarié :** voici une option à ne pas négliger. Ce n'est pas donné à tout le monde de devenir un entrepreneur en affaires. Cela demande des talents particuliers comme vous pouvez le constater dans ce livre. Alors, une carrière comme salarié au sein d'un studio, d'une agence ou d'une entreprise est tout à fait envisageable, car vous pourriez vous concentrer sur la prise de vue seulement, sans les tracas financiers, d'affaires, de prospection, de suivi clients, etc. Il existe un vrai besoin et soyez toutefois vigilant dans votre position au sein du studio. Rendez-vous indispensable par votre créativité, votre esprit d'équipe, vos initiatives.

3. **S'associer avec un collègue :** il n'est pas rare au cours des études de voir naître des amitiés profondes entre certaines personnes, qui peuvent être propices au lancement d'une activité en commun suite à l'obtention du diplôme. L'idée peut être intéressante à condition de s'associer avec une personne dotée de talents et de compétences complémentaires aux siens, non pas une copie conforme de sa personnalité et de ses capacités. Miser sur la complémentarité permet de gagner en efficacité. S'associer par exemple à une personne diplômée en gestion des affaires – maîtrisant donc les stratégies de gestion, tandis que vous avez la technique photo – peut être une bonne formule. Ce scénario comporte, selon moi, de nombreux avantages et de bonnes chances de réussite.

4. **Vous lancer seul dans l'aventure :** c'est de loin la formule que l'on rencontre le plus fréquemment, mais aussi la plus risquée. Pourquoi ?

À moins que vous ayez une bonne expérience des affaires et que vous soyez un excellent technicien, le développement de votre studio sera plus ardu parce que vous ferez face à de nombreux défis simultanément. Travailler seul implique une discipline bien ancrée afin de gérer le travail photo, les affaires, les stratégies marketing, les ventes, etc.

Même avec une activité plus réduite que dans une grande structure, vous serez bien contraint d'atteindre vos objectifs et d'abattre un volume de travail important pour tout gérer. D'après mon expérience, le taux de succès sur une période de 5 ans avec ce modèle d'affaires est très faible (5 % sur 5 ans).

Quel que soit votre scénario, poursuivez la lecture pour voir comment développer votre clientèle.

Quand on est plus expérimenté

Même si votre expérience fut acquise dans un domaine tout autre que la photographie, vous avez du vécu et cela vous aidera. Il se peut aussi que vous puissiez profiter d'une opportunité pour prendre la relève d'un photographe qui part à la retraite. Analysez bien la valeur de l'entreprise convoitée avant de vous lancer.

Selon votre scénario de vie, se bâtir une clientèle demande une bonne préparation. Les quelques anecdotes qui suivent vous montrent le type d'initiatives qu'il faut savoir prendre pour se donner la possibilité de créer ou étendre son marché.

Lorsque j'ai cherché à développer mon activité en photographie industrielle et commerciale, mon portfolio étant trop limité, j'ai décidé de contacter un industriel de ma connaissance (le beau-père de mon frère) qui possédait une entreprise de portes et fenêtres afin qu'il me donne accès à son usine. Pour me donner un coup de pouce, il a accepté avec plaisir de m'ouvrir ses portes et j'ai ainsi pu constituer une série d'images que j'ai placées dans mon book. Grâce à cela, j'ai pu aller frapper aux portes de plusieurs entreprises regroupées dans une même zone industrielle afin d'obtenir les noms et informations de contact du directeur marketing, communication ou relations publiques. J'ai ensuite adressé un courrier (Internet n'existait pas !) à ces gens pour décrocher un bref rendez-vous qui permettrait de déterminer dans quelle mesure je pourrais apporter ma contribution à leurs projets par le biais de la photographie.

Patience et persévérance furent de mise.

À une autre époque, je me suis aussi impliqué avec la Chambre de commerce locale qui organisait des déjeuners-causeries durant lesquels un conférencier était invité. Un jour où le responsable d'une grande agence de communication était présent, j'en ai profité, avec la permission de la Chambre, pour placer sur chaque couvert, un tract publicitaire bien conçu. J'en avais prévu un différent pour chaque convive (cela favoriserait sûrement les discussions autour de mes documents !). Résultat sur 80 invités : 1 personne est entrée en relation avec moi ; elle est devenue mon plus gros client sur 6 ans, jusqu'au moment où elle a changé d'emploi et s'est installée à l'étranger.

Ces récits vous montrent l'importance de vous impliquer dans la communauté économique de votre région et du réseautage. Que vous vous spécialisiez en photographie sociale ou publicitaire, les mêmes méthodes s'appliquent.

- **Idée 1 :** si vous n'êtes pas connu ou n'avez pas de portfolio, il est évident qu'il va vous falloir créer des images afin de faire connaître votre signature. Choisissez un thème qui touche la communauté (œuvre de charité, organisme de lutte contre le cancer, association de soutien aux SDF, ou autre) et réalisez des photos qui pourraient éventuellement faire partie d'une exposition dans votre ville. Il sera plus simple de solliciter les appuis des gens de la classe politique ou sociale, car votre créativité et votre travail pourront les aider à toucher la population. Ne pensez pas uniquement aux photos : une bonne organisation, une soirée vernissage, une couverture médiatique sont des éléments essentiels à une bonne pénétration.
- **Idée 2 :** afin de faire connaître votre signature, recherchez en ville une vitrine que vous pourriez décorer avec vos images (visez une vitrine vide située dans un quartier passant afin que vos œuvres soient vues et que rien d'autre ne brouille leur visibilité). Essayez de bénéficier des conseils d'une étalagiste professionnelle afin d'optimiser l'impact visuel de vos photos et de votre marque de commerce (branding). Vous pourriez aussi probablement envisager un vernissage dans cet endroit…
- **Idée 3 :** vous pourriez offrir des bons cadeaux à des clients ciblés (maternité, couples, femmes, gens d'affaires, etc.) en leur expliquant que vous proposez une session offerte plus un tirage moyen. Si ces personnes désirent acheter des tirages supplémentaires, ceux-ci sont disponibles selon une grille tarifaire bien définie. Faites cette démarche en toute transparence, sinon vous risquez de semer le doute sur vos intentions réelles.

- **Idée 4 :** exposer vos images dans des bureaux de professionnels, selon leur secteur d'activité et le type de clientèle, est un bon moyen de vous faire connaître (cabinet médical, de gynécologues, de sages-femmes ou de pédiatres, banque, immobilier, etc.). Ces bureaux sont souvent décorés par des tableaux impersonnels qui ne touchent personne. Créer une ambiance et apporter une personnalité avec des images qui parlent tout particulièrement aux dirigeants ou employés (hobby, sport favori, etc.) leur donnera l'occasion de les commenter et éventuellement de vous apporter des recommandations.

  Pour rebondir sur ce point, j'avais aussi pensé à une option de location de tableaux (photo) pour un forfait mensuel et avec l'idée que le client pouvait changer les images tous les 6 mois pour rafraîchir sa déco. Cela nécessite un bon inventaire d'images, un certain investissement, mais certains clients sont prêts à adhérer à ce type de formule. Collaborer avec une décoratrice intérieure serait un véritable atout dans ce contexte.

- **Idée 5 :** si vous êtes « jeune » photographe en publicité, vous pourriez lancer une offre pour un montant fixe et une prise de vue de produit déterminée afin d'initier un client potentiel à votre service. Pourquoi ne pas ajouter une garantie de satisfaction qui réduit le risque pour ce client ? Ce serait une bonne manière de prouver vos compétences, n'est-ce pas ?

- **Idée 6 :** si vous cherchez à vous lancer en affaires, c'est que vous avez certainement déjà réalisé des photos pour des amis, des clients (à un vil prix), des connaissances… Enfin bref, pour des gens qui ont trouvé votre travail intéressant. Recontactez-les et sollicitez une demande de référence auprès d'eux et de leur entourage. Il y a de fortes chances que votre succès leur tienne à cœur ; ils devraient vous répondre favorablement. Dans tous les cas, tentez !

  Ne les transformez pas en vendeurs par contre ; cette stratégie demande que cela soit fait avec classe. Les gens ciblés vous recommanderont majoritairement dans leur cercle d'influence (famille, collègues de bureau, membres d'associations professionnelles, etc.). Nul besoin de dire que votre offre doit comporter un élément de valeur. Une seule prise de vue ne vaut rien aux yeux d'une personne ; un tirage doit accompagner l'offre.

Attention
Prenez garde de ne pas offrir vos fichiers haute résolution sur un support numérique quelconque (clé USB ou DVD ou autre moyen). Cela indiquerait que c'est pratique courante pour vous et que vous n'apportez pas de valeur à ce produit. Vos clients estimeront aussi que c'est gratuit, ce qui sera catastrophique à long terme pour vous.

Je pourrais vous donner beaucoup d'autres idées, mais c'est à vous aussi de les trouver. Soyez attentif à ce qui se passe autour de vous, et ce dans les domaines les plus variés, même éloignés de ce que vous avez l'habitude de photographier. Nourrissez-vous et inspirez-vous de toutes les initiatives marketing qui sont adaptables à notre métier. Il faut savoir innover constamment. J'avoue être très influencé par les messages vus à la télé. Analysez bien le visuel, notez l'idée véhiculée et créez votre concept.

N'oubliez pas qu'une clientèle se bâtit avec chaque client, chaque jour, en profitant de tout contact social et d'affaires. C'est une activité sans relâche si vous voulez faire grandir votre entreprise. Et cela ne peut se faire du jour au lendemain. Il faut du temps, de la patience, un engagement dans un service client impeccable et finalement, une stratégie bien définie.

Définir son image de marque ou « branding »

Rares sont les photographes qui consacrent du temps et de l'énergie à établir leur marque. Trop pressés de démarrer leur entreprise et d'afficher leur créativité, ils espèrent surprendre une clientèle anonyme, pensent être les seuls en ville, et ne se donnent pas les moyens de définir leur identité. C'est bien dommage, car ils manquent une belle opportunité de se démarquer. Ils se disent tous créateurs, pourtant !

J'admets avoir commis beaucoup d'erreurs dans mon entreprise, mais dès le début, j'ai voulu créer une identité pour mon studio et lui attribuer un nom qui serait facilement reconnu.

Et vous, comment vous positionnez-vous ? Construire son image de marque nécessite de la réflexion, du temps, de l'énergie, et de l'argent bien sûr, mais reste, en toute objectivité, une étape essentielle dans le bon développement d'une entreprise.

Avoir une image qui a du sens

Chanel, Nike, Apple, Mercedes, Rolex... Qu'est-ce qui vous vient à l'esprit ? Un logo. Une image. Un slogan. Tout d'abord, il y a l'identité graphique qui saute aux yeux, c'est le premier contact visuel, un repère facilement identifiable. Au-delà de cet aspect, on constate une pérennité de la ligne graphique établie, qui prouve que ces entreprises ont conservé une image cohérente depuis la création de leurs visuels. Cela montre bien que beaucoup de réflexion et de soin furent apportés à leur conception.

En voyant des publicités, des produits identifiés, des symboles aussi marquants, nous savons exactement le niveau de qualité offert. Pas de doute possible. Et de votre côté, qu'est-ce que votre identité visuelle reflète ? Une simplicité graphique qui symbolise quelque chose, une image de marque ou bien une représentation générique prise à la volée sur une charte graphique dans votre ordinateur, et qui pourrait correspondre à n'importe quel photographe, voire à n'importe quel autre professionnel ? Votre image de marque et tous les éléments qui vont contribuer à la véhiculer (logo, carte de visite, charte graphique de votre site Internet...) ont un rôle essentiel dans le développement de votre activité, dans le fait d'avoir un impact ou non auprès de la clientèle visée... Ne négligez pas cet aspect. Même si faire appel à un graphiste représente un certain budget, le jeu en vaut largement la chandelle, et vous devriez rapidement en rentabiliser les coûts de conception.

Constat

Analysons ce qui fait la force et la singularité de ces entreprises leaders que nous avons citées précédemment par rapport à leurs concurrents :

- une identité graphique reconnaissable partout ;
- des produits de haute qualité ;
- des produits de niche pour un marché ciblé ;
- un service client irréprochable ;
- une expérience de vie, d'achat ;
- des stratégies de vente bien établies et constantes.

Si vous êtes à l'étape du lancement de votre entreprise, réussir d'emblée à créer une identification distincte et à vous démarquer de la concurrence vous sera précieux. Si vous avez déjà quelques années derrière vous dans ce métier, quel regard portez-vous sur votre positionnement ? Quel regard pensez-vous que de potentiels clients portent sur vous ? La prise de recul est fondamentale, surtout si vous connaissez quelques difficultés.

Les produits et prestations que vous proposez sont uniques et précieux pour vos clients ? Ils ont une « valeur » à leurs yeux ? Rappelez-vous la petite phrase de Ladislas Kadyszewski : « Nous ne vendons pas la photographie, mais ce qu'elle apporte aux gens. » Vous comprenez alors que vos clients attendent beaucoup de vous. Votre image de marque doit déjà les mettre en confiance et leur montrer qu'ils ne se trompent pas en faisant appel à vos services.

Une idée pour lancer votre réflexion : demandez à vos clients ce que vous représentez pour eux, ce qui les incite à vous faire confiance, et enfin ce qui vous distingue, selon eux.

Conseil
Régulièrement, je questionnais mes clients afin d'améliorer notre image, notre service client ; faites-le aussi.

Si vous réalisiez l'exercice auprès des utilisateurs Apple, ils vous répondraient sans doute que le constructeur ne vend pas des ordinateurs, mais des objets qui leur facilitent la vie. Qu'il conçoit par ailleurs des produits entourés d'un design exceptionnel, dotés de fonctionnalités hors du commun et maintenant copiées par plusieurs, ce qui pousse la marque à innover constamment.

Si vous êtes conscient de la valeur que revêt votre produit/service aux yeux de votre clientèle, vous comprenez que la confiance du client est souvent associée à l'image de marque que vous projetez.

Votre image de marque

Une image de marque vous identifie auprès d'une clientèle qui, au fil des années, saura parler de vous et vous attirer la confiance. La première question que Maurice, mon premier coach en marketing, m'a posée : « Que veux-tu que tes clients disent de toi d'ici quelques années ? » Voici ma réponse : « Je veux que mes clients, lorsqu'ils parlent entre eux, disent que notre studio est la meilleure ressource en photographie professionnelle sur le territoire ; pas la moins chère, mais celle qui offre un rapport qualité/prix bien au-delà de leurs attentes. »

Et ce fut exactement ce qui s'est produit au fil du temps, car, dès cet instant, nous avons soigné l'image graphique et, au-delà, notre image de marque, avec beaucoup d'attention, incluant les petits gestes envers chaque client qui passe la porte.

Confiez la conception de votre identité graphique à un spécialiste qui saura saisir votre mission et votre vision (voir chapitre 1), et les transformer en une image visuelle forte. Certes, les photographes sont des créatifs ; certes, vous avez probablement du talent, mais la conception d'une charte graphique, cela ne s'improvise pas. Si vous pensez pouvoir faire des économies sur ce poste, vous êtes dans l'erreur. Une mauvaise identité visuelle vous coûtera bien plus cher qu'une charte conçue par un professionnel, qui vous amènera des prospects.

Investir dans le matériel photo, même coûteux, ne vous pose pas plus de soucis que cela. Pourquoi en serait-il autrement pour tous les éléments qui participent à la vie de votre activité et qui notamment contribuent à forger votre image ? N'oubliez pas que vous n'avez qu'une seule chance de créer une bonne première impression. Alors, misez sur vos chances de réussite dès le départ. Une fois qu'un prospect vous aura rencontré, l'image qu'il se sera fait de vous restera dans sa mémoire. Même au travers d'un échange e-mail ou d'un premier contact téléphonique, on peut se faire une idée de la personne à qui on a affaire. Espérons que l'impression sera positive...

20 points clés pour construire une image de marque soignée

Vous trouverez ci-après les 20 points déterminants sur lesquels vous appuyer pour créer une image de marque forte.

1. **Nom du studio.** Votre nom de studio ou d'entreprise est un élément très important. Vous devez investir du temps et effectuer des recherches afin de choisir un nom qui décrit bien votre démarche. Ne vous contentez pas de trouver un nom « qui sonne bien » et évitez le nom qui n'a rien à voir avec les services que vous offrez, vous pourriez induire vos clients potentiels en erreur.
   Les photographes ont souvent tendance à choisir un nom de commerce lié au domaine de la photographie (par exemple, Pixel Photo ou F-Stop). Or, il est très probable que ce type de nom ne veuille rien dire pour le consommateur moyen qui ignore les termes techniques ; je comprends toutefois qu'il puisse avoir du sens pour vous, mais résistez à la tentation. Pensez d'abord à votre marque.
   Prenez le temps de trouver plusieurs options qui vous plaisent et testez-les auprès de clients potentiels et d'amis qui ne gravitent pas nécessairement autour du monde de la photographie. Demandez-leur quels noms les mettent davantage en confiance et pourquoi.

Conseil
Si votre entreprise propose des appareils et des services photo destinés au marché amateur, l'utilisation du mot « magasin » conviendra très bien. Dans le cas d'une spécialisation en prise de vue professionnelle, phénomène qui se développe en France depuis quelques années du fait des mauvais résultats des ventes en boutique, je suggère l'utilisation de mots plus recherchés : studio, galerie, centre d'art visuel, etc.

Un nom d'entreprise générique ou personnalisé ?

Si vous vous spécialisez dans la photographie de portrait ou de mariage, il peut être bon d'utiliser votre nom personnel. La même règle peut s'appliquer si vous offrez des services de photographie commerciale dans le haut de gamme parce que certaines agences préfèrent travailler avec un individu plutôt qu'avec une « identité corporative ».
En revanche, sachez qu'en utilisant votre nom personnel, vous pourriez avoir quelques difficultés si vous désirez un jour vendre votre commerce. Peu d'acheteurs veulent d'un studio qui porte le nom de l'ancien propriétaire, à moins que sa réputation soit irréprochable et de très grande valeur. Le nouvel acquéreur pourra alors en tirer profit.
Il est plus professionnel de prendre un nom générique si vous offrez des services au niveau commercial. J'avoue qu'avoir un nom générique fut un atout quand j'ai décidé de vendre mes actions à mon partenaire. Évitez de créer une marque à partir de plusieurs noms de personnes, cela rend les recherches sur Internet presque impossibles.

Attention
L'utilisation de plusieurs couleurs augmentera le coût d'impression de vos documents. Pensez-y au moment de la conception graphique de votre identité visuelle. N'oubliez pas non plus de vérifier les règlements d'affichage auprès de votre municipalité avant d'installer votre enseigne extérieure.

2. **Logos et affiches.** Ayant une importance tout aussi considérable que le choix de la marque, votre logo doit communiquer le positionnement que vous voulez atteindre. La recherche est une fois encore essentielle dans ce processus. Vous devez d'abord vous assurer que l'image que vous avez l'intention d'utiliser n'existe pas déjà. Deuxièmement, vous devez adopter un style graphique qui représente bien le nom du studio. Il peut être contemporain, moderne ou classique ; tout dépend de ce que vous voulez véhiculer.
Ce qui importe, c'est que le style reflète bien les autres éléments de votre marque. Un logo doit avoir une signification. Évitez à tout prix d'utiliser les cliparts de votre logiciel graphique. Si vous n'avez pas encore les moyens d'embaucher un graphiste, demandez à un ami dans le domaine s'il accepterait de travailler en échange de vos services (il peut avoir besoin de quelques photos pour son site, son blog...). Il est important de bien lui indiquer vos attentes.
L'enseigne du studio doit également inclure les éléments du logo, tout comme les cartes de visite et tout autre moyen de communication que vous utiliserez (signature mail, papier à lettres...). Vous aurez ainsi un ensemble qui sera cohérent et facilement identifiable par votre clientèle cible.

3. **Fournitures de bureau.** Votre logo, votre nom de commerce, les couleurs qui vous représentent doivent se retrouver sur toute votre papeterie et vos fournitures de bureau (cartes de visite, enveloppes et papier à en-tête, clé USB, CD-Rom, etc.). Résistez à la tentation d'imprimer vous-même ces éléments d'identité visuelle sur votre imprimante à jet d'encre ; le rendu n'est guère professionnel et vous donneriez l'impression de ne pas être prêt à vous lancer dans les affaires ! Souvent, les gens reportent à plus tard l'impression chez l'imprimeur et finissent par ne jamais imprimer leurs documents de manière professionnelle. Vous trouverez peut-être qu'il s'agit d'un détail, et pourtant aux yeux de vos clients ou de vos prospects, cela compte. Êtes-vous un amateur ?

4. **Services offerts.** Lorsque je demande aux gens qui se lancent dans la photographie dans quel créneau ils veulent évoluer, ils répondent le plus souvent : « J'aime tous les types de photographie, j'ai envie de tout faire. » Ne craignez pas que je me répète, même si j'ai déjà évoqué l'intérêt de se spécialiser. Dans ce monde compétitif, il est primordial de tout mettre en place pour devenir expert dans un domaine. Certains photographes croient, en outre, que toutes les personnes qu'ils croisent dans la rue sont des clients potentiels ; si vous partagez leur opinion, alors vous évoluerez dans un marché où le prix domine le jeu.

Voici une citation provenant du livre *Never eat alone* de Keith Ferrazzi : « Dans l'économie d'information, nous basons notre avantage compétitif sur les connaissances et l'innovation. Si ce que vous faites peut être accompli par à peu près n'importe qui, il existe quelque part une personne qui est prête à le faire pour moins cher. » Est-ce là le message que vous voulez transmettre ?

5. **Le site Internet.** Je visite quotidiennement de nombreux sites Web, et en particulier des sites de photographes. Il en existe des milliers, accessibles en un clic, alors comment pouvez-vous vous assurer qu'un client potentiel trouve le vôtre et soit suffisamment attiré pour lire son contenu ? Parce que les photographes sont des créatifs, ils pensent qu'un défilé d'images suffit à capter l'attention de tout internaute. C'est important bien sûr, mais la fonctionnalité du site et son contenu le sont encore plus. Qu'est-ce qui fait la différence ?

   Actuellement, on constate que les sites Web utilisant le logiciel Flash n'obtiennent pas d'aussi bons résultats dans les moteurs de recherche que les sites exploitant le langage HTML. Il est donc préférable de recourir à ce dernier ; si vous y tenez, vous pouvez éventuellement créer un site jumelant Flash et HTML.

   Autre point notable, la grande majorité des sites Internet n'engagent pas le visiteur. Ils sont de prime abord purement démonstratifs et non pas informatifs. Sur la page d'accueil, les images défilent ou, pire encore, la biographie du photographe dévoilant sa passion pour la photographie apparaît. Quand on sait que le prospect qui prend le temps de naviguer sur un site est à la recherche de certaines informations, et qu'il va poursuivre sa recherche ailleurs s'il ne les trouve pas, on comprend que le contenu de la page d'accueil doit être bien soigné. Nous pensons souvent qu'une image suffit, alors qu'exploiter tout à la fois une série d'images et des mots-clés permet de délivrer un message plus fort, plus complet, et susceptible de créer une réaction auprès du prospect lecteur. N'ayez pas peur d'accompagner vos images de mots qui relatent les bénéfices tirés de vos services ou même de témoignages de clients faisant part de leur satisfaction et de leur confiance à votre égard.

   Nous ne vendons pas des images, nous vendons ce que les images font vivre aux gens. Souvenez-vous bien de cela lorsque vous créerez vos supports promotionnels. Sur votre site Web, adressez-vous aux prospects – établissez le contact avec eux – en répondant, par le biais d'un espace FAQ (foire aux questions), indispensable selon moi, aux interrogations qu'ils pourraient se poser quand ils s'intéressent à vos services.

Attention
Certains photographes reprennent des textes et même des images (!) provenant d'autres sites. Quel manque d'éthique ! Si c'est cela être créatif pour eux, alors ils ont du chemin à faire. Ne copiez jamais ! Si vous n'arrivez pas à trouver vos propres idées pour vous vendre à travers votre site, comment ferez-vous face au(x) client(s) ?

« Modèle »

Le site www.venturephotography.com comporte, à mon avis, tout ce qu'il faut pour bien informer un client. Vous pouvez ne pas apprécier le style d'images, mais je vous demande de ne pas vous arrêter à cela. Analysez les mots employés, le placement des cases pour que le visiteur passe aux actes, le cheminement que vous êtes amené à faire, etc. Même s'il est en anglais, vous pouvez certainement en comprendre le fonctionnement et saisir la manière dont l'information est fournie.

6. **Blogs, Facebook et réseaux sociaux.** Profiter de tous les moyens disponibles pour assurer sa présence sur le Web est absolument indispensable ! En plus de votre site, les blogs et les réseaux sociaux type Facebook, Twitter et autres vous permettront d'élargir votre réseau de contacts et de mettre en avant les différents aspects de votre personnalité. L'importance de ces outils changera probablement avec le temps, mais en attendant, assurez-vous de ne pas passer à côté de tout ce que le Net peut offrir en termes de moyens de communication et de diffusion, et d'être à l'affût des nouvelles technologies qui émergeront dans le futur.
   Attention toutefois au temps investi ou perdu pour mettre à jour ces outils ; l'exercice peut être extrêmement chronophage si l'on n'y prend pas garde. Il faut une discipline de fer afin de ne pas succomber à la distraction créée par une vérification constante de ses messages arrivant sur de multiples supports (messageries personnelles et professionnelles, compte Twitter, page Facebook...). Il est assez fréquent d'entendre des personnes se plaindre de manquer de temps pour accomplir leurs tâches, alors qu'elles passent des heures à suivre en temps réel des fils de discussion. Paradoxal, non ? C'est vrai qu'il est agréable de se sentir occupé et on croit parfois qu'en étant occupé, l'argent arrivera comme par magie... C'est rarement le cas.
   Concrètement, prévoyez un créneau quotidien de 30 à 45 minutes maximum dédié aux communications Internet, ou déléguez la tâche à l'un des membres de votre équipe (une personne de confiance qui sera votre voix et qui aura la discipline nécessaire pour bien gérer ce travail sans y perdre son temps).

7. **Matériel promotionnel.** Votre marque doit être visible, et vous devez profiter de toutes les opportunités qui vous sont offertes pour la faire connaître, et pour la faire intégrer par vos prospects et vos clients. Je crois qu'il est par ailleurs important de prévoir des documents adaptés à tous les types de services que vous offrez de façon à diffuser très largement votre image.

Par exemple, pour les portraits de famille, vous pourriez offrir une plaquette mettant l'accent sur ce service, l'originalité de votre concept, la valeur émotionnelle des produits réalisés, votre niveau d'expérience, et délivrant des conseils sur la préparation de la séance et la façon de se vêtir, ou bien encore donnant des exemples d'utilisation des photographies pour la décoration de la maison.

Cette stratégie s'applique à tous les types de services, même les commerciaux. Ces documents promotionnels servent de support pour informer les clients qui appellent, qui vous envoient un courriel ou qui visitent votre studio.

Voici des exemples de plaquettes qui accompagneraient bien un service de portrait de famille :

- plaquette explicative sur ce que ce type de service procure aux clients, sur l'originalité de votre concept, et les étapes de l'expérience vécue. Ajoutez quelques témoignages de clients satisfaits et un appel à l'action ;
- plaquette décrivant comment se préparer autant physiquement que mentalement à vivre une expérience exceptionnelle. Choix de vêtements, coupe de cheveux, harmonie de couleur, état d'esprit autant des enfants que des adultes ;
- plaquette sur l'utilisation des tirages en matière de décoration. C'est une nouvelle tendance que les photographes doivent contribuer à répandre et les consommateurs doivent être éduqués. De plus, cela va vous aider à faire augmenter votre panier en proposant des possibilités différentes. Vous pourriez demander les conseils d'une décoratrice d'intérieur pour trouver les mots percutants et les formules les plus adaptées aux attentes des clients. Le point de vue d'une experte aura encore plus de poids ;
- plaquette sommaire qui explique le processus de leur visite ultérieure après la prise de vue et de la sélection de leurs images.

Conseil
De préférence, créez des documents pour chacun de vos services au lieu d'en faire un qui englobe tout. Le consommateur averti d'aujourd'hui, lorsqu'il désire un service qui est hors du commun, cherche un spécialiste.

Nul besoin de faire imprimer de grandes quantités, et pensez à harmoniser la charte graphique avec celle de votre image de marque.

8. **Matériel éducatif pour vos clients.** Le matériel promotionnel présenté ci-dessus doit être éducatif. Il constitue un élément important de la gestion d'un studio et permet de vous différencier de la concurrence. Ce processus d'apprentissage ne doit jamais (!) s'arrêter. Ces documents compléteront votre matériel promotionnel en plus d'éduquer vos clients sur les étapes qu'ils vont franchir lors de l'achat de vos services (présentations visuelles, galeries sur le Web et informations d'achat).

L'ensemble de ces documents doit faciliter leur expérience avec vous. Investissez du temps pour les concevoir et faites l'effort de les personnaliser. Vous verrez combien cette attention est appréciée.
De plus, ce matériel servira d'outil à votre personnel pour accompagner chaque demande de services. Aucun nouveau client ne doit quitter votre studio sans avoir en main un document qui lui donnera des détails essentiels pour profiter de votre belle expérience de création.

9. **Votre apparence personnelle.** En tant qu'artistes, nous croyons que nous ne sommes soumis à aucun code vestimentaire. Erreur ! Votre marque, votre positionnement, votre mise en marché, votre apparence, tout doit faire partie du même ensemble au niveau de l'image. « Je suis un artiste, les gens s'attendent à me voir vêtu de la sorte… » Pourquoi n'ajouteriez-vous pas cette phrase à vos commentaires : « En tant qu'artiste affamé, je peux m'habiller comme bon me semble. » Si vous vous habillez comme un membre de l'élite, vous serez respecté comme tel. Si vous ciblez un marché haut de gamme, alors habillez-vous en conséquence. Allez voir dans les entreprises de ce niveau et observez leur code vestimentaire.

10. **Propreté et ambiance du studio.** Le fait d'entrer dans votre studio tous les jours fait de vous un mauvais juge de son apparence générale, de sa propreté et de l'ambiance qu'il dégage (confortable, chaleureuse, ordinaire ou luxueuse…). Une méthode efficace pour évaluer son hospitalité – les visiteurs doivent s'y sentir bien ! – est de demander à un client comment il s'est senti quand il y est entré pour la première fois, ou encore mieux, de poser la même question à cet ami qui livre toujours le fond de sa pensée sans craindre de vous vexer.
Ne vous focalisez pas uniquement sur les meubles et la décoration, mais pensez aussi à tous ces petits détails qui font l'ambiance d'un lieu : les odeurs, le bruit, l'ordre et la propreté des bureaux, et du sol, la poubelle qui déborde, les étagères poussiéreuses, le café réchauffé du matin, etc.
Donnez à votre studio l'apparence d'une galerie d'art. J'ai trop vu de photographes tapisser les murs de leur studio d'images et de cadres, certains tellement défraîchis qu'ils donnaient une mauvaise impression globale. Visitez une galerie d'art haut de gamme pour vous inspirer sur la manière de présenter vos photographies.

Un studio à la maison

Les studios situés à la maison offrent un défi supplémentaire à cause des odeurs qui s'échappent de la cuisine. C'est un point auquel vous devez faire

•••

particulièrement attention si vous recevez des clients après le déjeuner ou le dîner.
Lorsque c'est possible, il est par ailleurs préférable d'avoir une entrée indépendante afin d'éviter que les clients passent par votre salle de séjour pour accéder à votre studio. Si votre chez vous n'est pas un modèle d'ordre, si vos enfants envahissent systématiquement le salon ou si vos animaux sont très remuants, cela vous évitera quelques moments de stress. Pensez également aux personnes allergiques qui peuvent être incommodées par la présence de vos animaux de compagnie.

11. **L'extérieur du studio.** Ce point s'applique aux studios maison et aux commerces ayant pignon sur rue. La propreté des lieux, y compris du trottoir (!), est essentielle. Notre studio était situé dans un centre commercial avec un grand stationnement devant la porte. Chaque matin, je constatais que le vent avait déposé de nombreux déchets devant ma vitrine. Étant souvent le premier arrivé, je m'assurais de nettoyer l'entrée, en débarrassant les débris ou la neige, selon la saison. L'entrée, c'est la première chose que les clients voient en arrivant et vous connaissez le dicton : « Vous n'avez qu'une chance de faire une bonne première impression. » Alors, gardez l'entrée propre.

12. **Stationnement (accès).** Vous vous dites que c'est un détail, et pourtant la difficulté à se garer peut se révéler décourageante, surtout si vous êtes situé en centre-ville. Si les places de stationnement sont en nombre, indiquez-le ; si ce n'est pas le cas, serait-il possible de conclure un accord avec un parc de stationnement qui se trouve à proximité et d'offrir à vos clients de leur rembourser le ticket ?
    Si votre studio est à la maison, indiquez au client où se garer pour ne pas déranger vos voisins.

À noter
Sur votre site Web, donnez toutes les indications d'accès (route et transports en commun) et de stationnement.

13. **Heures d'ouverture.** Combien d'heures par jour, et de jours par semaine serez-vous disponible au public ? Comment pouvez-vous préserver une vie privée en dehors des heures d'ouverture ? Comment pouvez-vous éduquer vos clients à ne pas débarquer à toute heure du jour, du soir ou du week-end ? Tous ces points sont importants lors du développement de votre activité. Vous devez dès le début imposer des limites sinon vous perdrez le respect que vous méritez. Si vous avez un studio en ville, affichez clairement vos horaires sur votre vitrine, et évitez de décrocher le téléphone en dehors des heures d'ouverture.
    Si votre studio est à la maison, faites de même. Travailler chez soi demande une plus grande vigilance encore sur les horaires pour éviter de se faire déborder.

Conseil
Il m'est arrivé de lire sur une porte : « Sur rendez-vous, ou par chance ». Charmant, mais peut-être un peu déroutant pour les clients, non ?

Si vous choisissez d'offrir vos services uniquement sur rendez-vous, affichez-le et respectez cet énoncé. C'est une bonne manière de démontrer votre professionnalisme. Bien sûr, si vous amorcez ce changement et que vos clients étaient habitués à travailler avec vous sans rendez-vous, il faudra faire preuve de patience pour qu'ils s'adaptent à votre nouveau mode de fonctionnement.

14. **Accueil, mot de bienvenue et service à la clientèle.** Les salutations par lesquelles les clients sont accueillis donnent le ton et participent de la première impression. Personnellement, il m'est arrivé de ressortir de certaines boutiques ou de raccrocher le combiné téléphonique simplement parce que je n'avais pas reçu l'attention que je souhaitais. Lorsque vous recevez un appel, imaginez à chaque fois qu'il s'agit d'une personne qui contribue à votre bien-être, à nourrir votre famille... Arborez un sourire dès que vous décrochez le récepteur.
Le message de votre boîte vocale doit non seulement être clair, concis et pertinent, mais également enthousiaste. Vous voulez que les gens rappellent ou qu'ils laissent un message clair avec leurs coordonnées ? Précisez-le. Ne laissez jamais les messages sans réponse ; contactez toujours les clients rapidement afin de leur montrer votre intérêt ou de leur donner des conseils si vous ne pouvez satisfaire leur demande.
Soyez courtois et professionnel au téléphone, sur Internet, dans votre studio et ce, en toute occasion (pour une première prise de contact comme pour « réclamer » un paiement). Chaque fois que vous devez joindre un client, faites-le de la meilleure manière possible. Préparez-vous un protocole de réponse. Si vous travaillez en équipe, chacun de vos collaborateurs doit avoir la même attitude, le même objectif : le respect et la satisfaction du client. Formez vos employés par le biais d'un jeu de rôle.

Conseil
La prochaine fois que vous irez faire un achat important, observez de quelle manière vous êtes accueilli et évaluez la qualité du service. Si le résultat est bon, voyez comment vous en inspirer.

15. **Petits extras (café, boissons, fruits, friandises, etc.).** Ces petites attentions semblent anodines, mais sont très efficaces pour impressionner les clients et les faire se sentir uniques. Dans mon studio, nous avions l'habitude de laisser à la disposition des clients de délicieux bonbons au sirop d'érable emballés individuellement.
Vous pouvez en effet offrir des bonbons ou des biscuits artisanaux, des corbeilles de fruits frais, des bouteilles spéciales, etc. Ces attentions permettent de montrer à vos clients qu'ils sont importants pour vous et que vous aimez travailler avec eux. Ne sous-estimez pas le pouvoir des petites choses. Recherchez-les partout où vous allez. Pouvez-vous imaginer ce que dirait une cliente si, suite à un achat, vous lui offriez une fleur fraîche pour la remercier de sa confiance ?

16. **Emballage.** Il y a de très très nombreuses années, je livrais mes grands tirages emballés dans… des sacs poubelle ! Ne me lancez pas de pierres, j'étais dans une période d'apprentissage… Aujourd'hui, je ne le referais plus. Il serait en effet dommage de ne pas profiter des services des nombreuses entreprises qui proposent des emballages personnalisés.

    Pouvez-vous imaginer un client se promener dans la rue avec un portrait inséré dans un emballage original ? Quelle sera sa première impression lorsqu'il recevra sa commande ainsi présentée ? Cela peut représenter un certain coût (selon le style et le matériau employé), mais c'est une bonne manière de renforcer votre marque. De nos jours, les gens récupèrent de plus en plus les emballages, alors pensez aux sacs que l'on peut conserver et réutiliser. Il est fort probable que vos clients en usent dans d'autres contextes et fassent ainsi parler de vous.

    Il est en outre normal d'offrir un emballage de qualité si vous facturez un prix correspondant à un produit de qualité. Pensez à la boîte bleue de Tiffany's ; c'est devenu un outil puissant de marketing. Pensez également aux emballages Dior ou Chanel.

17. **Système de recommandations (références).** Demandez à un photographe comment il a attiré vers lui la majorité de ses clients et il vous répondra que c'est grâce au bouche à oreille ou à des recommandations. Malgré cela, peu de photographes utilisent un outil leur proposant un système de recommandations structuré. Ce système fait en sorte que chaque client ayant effectué un achat se voit proposer une demande de référence afin de faire bénéficier amis ou membres de la famille de l'expérience vécue. Vous pouvez associer à cette demande une offre de remise sur prise de vue ou sur tirages supplémentaires.

    Votre système de recommandations est ce qui vous permettra d'attirer la majorité de vos clients potentiels et de les transformer en clients à vie. Les clients entrent dans votre vie de différentes manières : mariage, portrait de familles, portrait d'affaires, passeport, maternité, bébés, animaux de compagnie, travail commercial, etc. Aucune opportunité ne devrait vous échapper sans exploiter votre système de recommandations.

18. **Témoignages.** Les témoignages sont importants pour évaluer le niveau de satisfaction de vos clients. C'est la première étape dans le processus de demandes de recommandations. Préparez un formulaire de témoignage et demandez à vos clients de le remplir pendant que vous préparez la facture finale. Ce devrait être le moment où le client est à l'apogée de sa satisfaction.

Attention
Dans l'éventualité fort probable que vous utilisiez ces témoignages sur votre site Internet ou dans vos plaquettes, il essentiel d'obtenir l'autorisation de vos clients.

Posez quelques questions très simples et laissez beaucoup d'espace pour permettre au client de répondre librement. Rassemblez les témoignages dans un bel album qui peut être utilisé pour conclure une vente de portraits ou de photos de mariage.

19. **Événements spéciaux pour remercier les clients.** Tous les ans, certains studios organisent un événement spécial pour remercier leurs clients les plus fidèles. Cette soirée peut prendre la forme d'un mini concert, d'une exposition d'art ou de photographie ou même d'une souscription pour un organisme de charité local. C'est le moment idéal pour présenter un nouveau produit ou concept. Faites attention toutefois à ne pas insister outre mesure sur la promotion de votre nouveau concept lors de cet événement. La soirée doit d'abord être une soirée agréable, puis un grand événement de réseautage. Rappelez-vous de faire un suivi dans les jours qui suivent auprès des personnes avec qui vous avez discuté.

20. **Implication communautaire.** Être dans les affaires, c'est d'abord et avant tout s'assurer de fournir une bonne et belle vie à sa famille et à soi-même. Il est aussi commun de s'attribuer une responsabilité de partage envers la communauté qui soutient votre art et vos œuvres ; par « communauté », j'entends votre ville, les entreprises environnantes, les organismes sociaux et associations locales, les chambres de commerce et autres groupes d'affaires. Vous impliquer au sein de votre communauté ne sert pas uniquement à créer de nouveaux contrats pour vous, c'est aussi une façon de donner au suivant.
    Je considère la communauté comme un réseau. Prétendre au succès en s'isolant d'autres gens d'affaires et de votre communauté est une illusion, selon moi. Vous avez besoin de l'aide des autres alors qu'ils ont aussi besoin de votre aide. Identifiez une cause qui vous tient à cœur et impliquez-vous au niveau qui vous convient et qui cadre avec votre système de valeurs. Vous verrez que votre réputation s'améliorera et votre image de marque s'enracinera dans la communauté.

Ce que vous venez de lire, ce sont mes pensées sur l'établissement d'une image de marque. J'ai remarqué, au fil de ma carrière, que nombre de photographes qui ont très bien réussi ont un point en commun : une marque de commerce solide et identifiable.

Retenez les trois principes qui mènent au succès :

- vous devez croire sincèrement en votre succès ;
- vous devez être meilleur que les autres ;
- vous devez offrir des réponses que les autres ne proposent pas.

Marche à suivre

1. Investissez temps et argent dans l'établissement d'une marque de commerce spécifique à votre entreprise.
2. Recherchez les services de professionnels pour la création de votre identité graphique.
3. Testez les différentes options proposées par le graphiste auprès de la clientèle visée, pas nécessairement des amis photographes, car ils ne seront jamais vos acheteurs. Ils donneront leur point de vue selon leur perception artistique qui pourrait fausser la réalité.
4. Relisez les pages précédentes pour ne rien oublier.

Créer une valeur bien au-delà de votre concurrence

À méditer
« Aujourd'hui, les gens connaissent le prix de tout et la valeur de rien. »
Oscar Wilde

Croyez-vous qu'il soit plus difficile de vendre la photographie aujourd'hui que par le passé ? Oui ! Et pourquoi ? Voici 5 facteurs qui, selon moi, expliquent les difficultés rencontrées.

1. Une **surabondance de prestataires** sur le marché.
2. La **prise de photographie simplifiée.** De nombreux appareils photo/vidéo performants sont désormais accessibles facilement.
3. Une **gratification instantanée** qui contribue à proposer une **qualité « suffisante ».**
4. Une pratique de **tarification tous azimuts.** De la gratuité aux prix très élevés, le client ne s'y retrouve plus sans une stratégie de communication efficace.
5. La possibilité de **manipuler et imprimer les images** avec des outils numériques disponibles à tous.

La photographie s'est grandement démocratisée avec l'avènement du numérique et maintenant, les gens jouissent d'une gratification instantanée en visionnant l'écran de leur appareil. Autrefois, ils devaient attendre quelques jours afin de voir les résultats qui pouvaient être plus ou moins satisfaisants ; ils plaçaient une plus grande confiance dans nos talents professionnels.

De nos jours, le spectre du « c'est suffisamment bon » hante notre profession et je vous avoue que nous en sommes partiellement responsables. Simplement parce que certains jouent aux pros sans avoir les compétences techniques adéquates et l'exigence de qualité qui devrait animer tout professionnel. L'appât du gain facile contribue en effet à motiver ces personnes dont le comportement nuit à l'ensemble du métier.

Tirer et graver sur DVD semble être utile dans certains cas, mais pas dans certaines spécialités qui demandent d'abord un travail de postproduction soigné qui confirmera votre signature (mariage, portrait, studio, publicité, etc.). Après tout, cette signature se doit d'être l'élément de distinction que vous offrez à vos clients.

« Le prix est ce que le client paie, la valeur est ce qu'il achète. » Cette citation de Warren Buffet, l'un des hommes les plus riches de la planète, porte sur l'importance que nous devons accorder à l'expérience que nous faisons vivre à nos clients. Je suis certain que vous êtes fidèle à un commerçant, une entreprise de services ou un fournisseur qui remplit bien vos demandes. Vous êtes-vous déjà demandé ce qui motive cette loyauté, alors que vous pourriez faire appel à d'autres entreprises ? Qu'est-ce qui fait que vous retournez sans cesse vers ce marchand ? Est-ce les tarifs ou bien la qualité des produits, du service ?

Votre différence

J'insiste une nouvelle fois sur ce sujet, celui de la différence, la signature distincte que vous proposez. Si tous les produits disponibles sur le marché étaient pareils, la vie serait bien monotone. Et si tout le monde achetait les mêmes choses, la concurrence existerait seulement sur une base de prix. La réalité, heureusement, est tout à fait différente, ce qui fait que les consommateurs sont influencés par le style, la qualité, l'originalité et aussi par les tarifs.

Une voiture de 10 000 € et une autre à 50 000 € font strictement la même chose. Elles vous déplacent entre un lieu et un autre. Alors à votre avis pourquoi certaines personnes paient-elles le prix plus élevé et d'autres beaucoup moins pour le même service ? Pour le confort, le style, pour ce que leur apporte une voiture de luxe au niveau de leur statut social, de leur perception du succès, etc. On peut appliquer la même réflexion pour des sacs à main, des chaussures, des vêtements... Pourquoi les consommateurs sont-ils prêts à investir plus, voire beaucoup plus d'argent pour un produit plutôt que pour un autre ?

La perception de la différence compte de plus en plus. Alors quelle sera votre différence qui donnera une valeur à vos services ?

Le studio photo traditionnel est, en majorité, géré par un(e) photographe indépendant(e) sans bannière distincte et souvent sans style ou griffe particulière. La plupart croient que ce modèle d'affaires à l'opposé des franchises offre une plus grande liberté de création. Est-ce vraiment le cas ? Il existe souvent une lacune dans leur système organisationnel et aussi dans leur modèle de création d'images. Le manque de cohérence qui confirme une démarche commerciale structurée. Et cela se reflète sur la perception de valeur auprès du client.

À méditer
Pour vendre la Valeur, il faut une poursuite de l'Excellence. Sinon, celle-ci ne sera pas évidente aux yeux du client.

Est-ce le cas pour vous ?

Quel est votre engagement envers la valeur des images créées ? Très élevé ou indifférent ? Votre souci principal est-il de prendre des photos pour assouvir votre passion de création sans porter attention à la valeur marchande de votre image ?

Le commerce « rentable » de la photographie exige une attitude positive envers une excellence de service client couplée à une signature technique et créative. Plus vous viserez l'excellence, plus il sera facile de vous spécialiser, de cibler un marché distinct et d'offrir des produits uniques. Car la valeur sera encore plus facile à démontrer.

Les principes de valeur

1. **La beauté est dans l'œil de celui (celle) qui regarde.**
   C'est la perception de l'acheteur qui compte, pas la vôtre. Observez les visiteurs d'une galerie d'art et regardez les gens déambuler devant les œuvres. Certains passent de longs moments devant une œuvre et rapidement devant d'autres tableaux. Si vous participez à des foires commerciales (salon), est-ce que vos visiteurs sont attirés par ce que vous exposez sur vos murs ou passent-ils tout droit sans y porter attention ?
2. **La valeur est plus grande que le prix.**
   Chaque achat est une forme d'investissement à court ou à long terme. Une boisson rafraîchit à court terme, une maison apporte une satisfaction beaucoup plus grande et sur une longue période de vie. Une image exécutée selon un concept défini accompagné d'une expérience unique procurera une satisfaction à long terme à l'acheteur. Sa valeur grandira avec le temps.
3. **La valeur doit refléter un bénéfice à long terme.**
   La valeur doit refléter beaucoup plus que le coût de la matière première. Du papier photo, cela ne coûte pas cher et le client est susceptible de comparer rapidement cette valeur papier au prix demandé. Donc, la perception de valeur doit « vendre » ce que ces images vont procurer à votre client.
4. **La valeur perçue est purement émotionnelle.**
   Voir, regarder, lire une image suscite des émotions ; vous pouvez ressentir une joie, une peine, jouir d'un profit grâce à une image ; tout cela est tangible et vaut quelque chose. À vous de le démontrer.

Comment bâtir une perception de valeur ?

Quelle est votre propre perception de la valeur ? Pour moi, cela se résume en un mot bien simple : « Waouh ! », facile à percevoir lorsqu'un client s'exclame haut et fort en voyant votre création. Si vous n'entendez pas ce « Waouh ! », c'est qu'il y a un souci de qualité.

Mettez-vous à la place d'un acheteur qui ne vous connaît pas. Le seul facteur qui l'influence au premier contact est ce qu'il voit, ce qu'il ressent en vous rencontrant. Votre personnalité est-elle engageante, envahissante ou indifférente ? Votre studio est-il accueillant ? C'est la première impression qui compte.

Conseil
Vendre l'invisible : un guide pratique du marketing moderne de Harry Beckwith (Ada, 1997) vous aidera à comprendre la valeur de l'invisible. Livre épuisé, à vous procurer en occasion.

Vendre de la photographie est un gros défi, car le client ne voit pas le produit final dès le premier contact. Nous vendons de « l'invisible », en prendre conscience est primordial. Vous devez donc réussir à entrer dans sa tête pour mesurer l'importance de son projet, la valeur qu'il met sur ces images afin de lui confirmer que vous êtes la bonne personne pour exécuter ce travail, que vous avez compris son idée et que vous êtes en mesure de livrer, non seulement un produit de qualité, mais aussi une expérience au-delà de ses attentes.

Il est facile de dire que tous vos clients sont emballés par vos images, mais en réalité, tout comme en peinture, le style, le premier coup d'œil, l'impact créé va déterminer si le client voudra poursuivre sa recherche avec vous.

Comme je le disais plus haut, demandez à des photographes comment ils décrochent leurs contrats et la majorité vous répondront « par référence ». Effectivement, le client qui a vu votre talent à l'œuvre vous recommandera facilement, mais que faites-vous pour toucher celui qui est froid devant votre offre ? Sur quelle base allez-vous entretenir la conversation ? Les tarifs ?! Bonne chance !

Attention
Votre définition doit prendre en compte les désirs profonds de votre client et non pas seulement une rhétorique qui vous concerne personnellement.

Faisons un petit exercice. Prenez deux minutes et écrivez ce qu'est, pour vous, votre définition de la valeur.

....

....

....

....

Voici ce qu'un photographe de portrait pourrait écrire : « La valeur de mes services est représentée par les émotions que mes clientes ressentent en découvrant des images sur lesquelles elles se trouvent belles. Ces images revêtent également un caractère patrimonial à leurs yeux (transmission d'une génération à l'autre de leur famille). »

Que recherche un acheteur ?

D'emblée, on me répond souvent que le tarif est leur première préoccupation. Cette réaction reflète votre propre perception de ce que le client recherche. Après tout, sur quoi d'autre doit-on se baser ?
Voici quelques statistiques d'une étude menée par Tom Reilly (*Crush sales objections,* 2010) portant sur la perception des acheteurs et des vendeurs, réalisée sur dix années (1995-2005). Les chiffres démontrent clairement que :

- 1 acheteur sur 6 se base sur le tarif seulement pour faire son achat (16 %) ;
- 1 acheteur sur 6 ne se préoccupe pas du tarif lorsqu'il fait son achat (16 %) ;
- pour 68 % des acheteurs, le tarif est important, mais pas d'une importance première.

Ceci représente un gros potentiel de conversion, car la grande majorité des acheteurs ont un autre souci que le tarif au départ : 68 % + 16 % = 84 %.
Vous êtes étonné de ces résultats ? C'est normal. En réalité, l'acheteur accorde moins d'importance au facteur tarif que le conseiller (vendeur). Alors cessez de penser que le prix est le seul souci du client et vendez la valeur avant de parler prix.

À méditer
« Si vous croyez fermement que le prix est un facteur important, il le sera ! » Brian Tracy, auteur spécialiste en vente

Du niveau de valeur au prix

Poursuivons sur la création de la valeur. Nous savons tous que la qualité principale d'un bon vendeur est sa capacité à poser des questions qui engageront le client dans une démarche précise. Une démarche dans laquelle le prospect se sentira appuyé, informé et non intimidé. Ceci étant dit, si le client arrive avec sa propre question « Ça coûte combien pour... ? », vous serez tenté de lui répondre en pensant faire la bonne affaire. Ne succombez pas à une réponse trop rapide sur le tarif. C'est à vous de juger du moment opportun pour délivrer cette information.

Sans rembarrer votre prospect, respectez une séquence bien établie. Expliquez-lui que pour déterminer un tarif juste, il vous faut plus de détails et qu'il aura toutes les informations nécessaires afin de pouvoir prendre une décision éclairée.

Lors de cet échange, vous allez chercher à savoir pourquoi cette personne a besoin des services d'un photographe. Qu'est-ce qui l'a motivé à faire appel à vous, à vous envoyer un courriel, ou à pousser votre porte. Lorsque vous connaîtrez cette information, vous serez en mesure de développer un concept qui répondra à ses attentes. Vous l'aurez compris, il ne faut jamais – et j'insiste sur ce point ! – répondre immédiatement en lançant un chiffre, mais par une autre question « ouverte » qui permet au client de vous donner en détail les raisons pour lesquelles il croit avoir besoin de vos services. Une question qui permet au prospect de s'exprimer sur ses propres besoins.

Et c'est là que vous connaîtrez le niveau de valeur que cette personne met sur son projet. Ensuite, vous bâtirez votre présentation sur ces informations. Prenez des notes dans un carnet ; c'est une manière de montrer votre intérêt pour la demande qui vous est faite et vous aurez ainsi tous les éléments pour bien préparer votre devis. N'hésitez pas à reprendre vos notes pour définir votre prestation. Si le prospect venait à se contredire, vous auriez les cartes en main pour rediscuter avec lui de ses besoins.

Une fois la valeur établie, vous allez avoir envie de donner un aperçu des tarifs demandés pour vos services... Oui, je sais que cela demande un apprentissage, car la vente est souvent le côté le plus intimidant pour un photographe qui préfère de loin créer des images. Pourtant, si vous voulez vivre de vos photos, il va bien falloir accepter le fait que la vente fait partie du jeu tout autant que la prise de vue, la postproduction, etc. À partir du moment où vous faites commerce de la photographie, vous ne pouvez l'ignorer, sinon vous faites fausse route.

Êtes-vous fait pour la vente ?

Ce n'est pas donné à tout le monde d'être compétent ou même à l'aise avec le processus de vente. Rares sont les photographes qui savent bien se vendre. Pourquoi alors ne pas envisager la possibilité de déléguer cette tâche importante à une personne qui en possède l'expertise ? Pas assez de ressources actuellement ?

Envisagez ce scénario : des années de frustrations, de ventes en dessous de vos attentes, un manque de rentabilité chronique qui pourrait être facilement corrigé par une maîtrise de l'élément (vente) qui vous garantira une rentabilité à court terme. Quel est donc ce prix à payer que vous ne pouvez vous permettre ?

Faire appel à quelqu'un représente bien évidemment un coût, mais il n'est pas nécessaire d'embaucher immédiatement un temps complet ; une personne peut faire ce travail à temps partiel (mi ou quart temps) – tandis que vous vous concentrerez sur la création du concept et exécuterez les prises de vue, une personne compétente pourra, elle, se charger du service client incluant la vente – et vous pourrez évaluer rapidement les résultats. S'ils sont à la hauteur de ce que vous attendez, ça va, sinon, il faudra agir en conséquence.

N'oubliez pas que tout gérer soi-même n'est pas forcément propice à la croissance. Honnêtement, sans l'aide de mes collaborateurs, mon studio n'aurait pas connu un tel développement.

Conclusion et marche à suivre

- Partez du postulat que les clients recherchent, en grande majorité, autre chose que le tarif le moins cher. Ne cherchez pas à vendre votre prix, mais votre prestation et ce qu'elle apporte à vos clients.
- Créez votre distinction (signature) face à la concurrence.
- Adoptez les principes de la valeur.
- Définissez votre propre niveau de valeur.
- Questionnez votre client pour déterminer la valeur qu'il accorde à son projet.
- Écoutez attentivement ses demandes et bâtissez un concept qui y répond.
- Recherchez l'effet « Waouh ! » auprès de tous vos clients.
- Sachez vous entourer de collaborateurs efficaces et bien formés.

Lorsque vous maîtriserez ces principes, vous remarquerez un plus haut niveau de conversion de prospects en clients. Non seulement le consommateur cherche un accompagnement lorsqu'il achète un service, un produit qui sort de l'ordinaire, mais il attend en plus une réponse parfaitement adaptée à la spécificité de sa demande. Aujourd'hui, les clients veulent du sur-mesure. En appliquant toutes ces règles, vous allez prendre peu à peu de la distance par rapport à vos concurrents qui continuent d'employer des moyens de communication datés et obsolètes.

Promouvoir votre entreprise et votre propre personne

Se faire connaître, vous ne l'ignorez pas, c'est le nerf de la guerre ! À première vue, vous pourriez croire que la meilleure voie est celle des médias traditionnels. Plus maintenant ! Les moyens de communication ont tellement évolué depuis quinze ans qu'il est impensable de nos jours pour un petit entrepreneur, de lancer une campagne d'information massive dans les médias courants. Les réseaux sociaux ont tout chamboulé.

Rappels essentiels

Avant de parler du rôle des réseaux sociaux, je me dois de revenir sur l'importance d'avoir une image à promouvoir. Je ne parle pas de photo, mais de l'image que vous projetterez devant une clientèle à venir. Et ça nous ramène au « branding » (à la marque de commerce). Nous sommes d'accord sur le fait que vous devez avoir une image bien établie, votre personnalité se doit d'être distincte par un style évident ; la clientèle, votre communauté, sait qui vous êtes. Alors, comment répandre la nouvelle que vous existez ?

Retenez deux choses.

1. La photographie est une profession qui demande un contact personnel tellement précis qu'il est difficile d'en établir un par la voie des médias traditionnels. Il faut donc une stratégie bien définie de développement de contacts humains, car ils sont au centre de notre activité. Vous devez absolument chercher à savoir ce qui motive un prospect à communiquer avec vous.

2. En général, lorsque pratiquée par de petits entrepreneurs qui possèdent un modèle économique bien structuré, la photographie nécessite rarement un besoin massif de nouveaux clients. Une croissance mesurée et progressive sera toujours la meilleure manière de bâtir une entreprise à votre mesure. Ce qui veut dire essentiellement que

vos charges grandiront en suivant votre évolution. Si vous souhaitez un développement trop rapide, vous risquez de ne pas être en capacité d'offrir un service client qui se doit d'être au-delà des attentes. Rome ne fut pas bâtie en une semaine.
Il faut apprendre à diffuser un message qui attire l'attention autrement que par une promotion axée sur un rabais quelconque. Je sais qu'il est courant de faire une promotion sur ses services et que cela peut avoir un effet positif auprès de la clientèle visée, mais votre but est de chercher à augmenter vos chances de vous établir à long terme ! Évitez les actions éphémères.

L'atout de la spécialisation

Encore ce mot ? Oui, mais cette fois, je vais vous montrer en quoi le fait de vous spécialiser va vous simplifier la vie lorsqu'il s'agira de promouvoir vos services.

- Pouvez-vous concevoir le travail nécessaire pour créer de multiples messages percutants auprès d'une clientèle très variée ? Quel marché allez-vous privilégier ? Quelle sorte de client allez-vous viser ? Quels supports seront les plus efficaces pour toucher les clients ?
- L'investissement nécessaire risque d'être colossal pour utiliser les divers moyens de communication permettant d'atteindre tous les publics visés.
- Proposer une image de photographe généraliste sans identification spécifique aura pour effet de vous amener une clientèle qui cherche les aubaines, car les consommateurs sont habitués aux rabais dans les endroits non spécialisés.
- Une spécialisation sélectionnera naturellement votre clientèle. Pensez aux grandes marques, elles connaissent le profil de leur client idéal. Et vous ? Pouvez-vous dresser le profil de l'acheteur de vos services ? Si vous ne savez pas qui est votre client type, comment voulez-vous lui proposer un service et des prix qui lui correspondent ?
- En vous spécialisant, vous saurez qui est votre client cible et surtout comment l'atteindre par les moyens appropriés et selon une fréquence annuelle ou évolutive plus facile à déterminer. Autrement dit, vous pourrez solliciter votre clientèle selon ses évolutions de vie, de carrière, d'entreprise. Un couple de jeunes mariés va un jour fonder une famille, d'où naîtra le besoin de photos de maternité, de famille,

etc. Une entreprise qui prospère aura une nécessité de nouvelles plaquettes publicitaires, etc.

Certains photographes refusent de se spécialiser pour des raisons personnelles essentiellement liées à la crainte de manquer de travail ou de s'ennuyer à effectuer toujours les mêmes choses, et je respecte cela. Ils s'imaginent parfois aussi que l'on ne peut se spécialiser en dehors des grandes villes. Ce n'est pas tout à fait vrai, ce qu'il faut comprendre, c'est qu'une spécialisation agrandira le territoire dans lequel vous offrirez vos services. Tout simplement parce que vos clients se déplaceront sur de plus grandes distances pour avoir accès à votre signature et à un service unique.

Le rôle de l'éducation des consommateurs

En tant que photographe, vous devez et vous devrez en permanence éduquer votre clientèle sur votre métier, sur vos compétences et sur les avantages qu'apporte la photographie, autrement dit sur l'intérêt de faire appel à un professionnel. Chaque contact avec les prospects et les clients doit être l'occasion de leur fournir un maximum d'informations selon une séquence bien établie de manière à ce qu'ils se sentent accompagnés et guidés dans le travail accompli, et à ce qu'ils ne pensent pas qu'ils pourraient le faire eux-mêmes afin d'économiser quelques sous. Ils ont réalisé la véritable valeur de vos services.

Identifier tous les moyens de communication

- **Les cartes de visite :** c'est l'un des moyens les plus percutants et c'est aussi souvent le moins cher contribuant à créer une bonne première impression et à bien asseoir votre image de professionnel sous tous les rapports. Soignez leur conception et leur impression – n'hésitez pas, comme pour votre logo, à passer par un professionnel ! Deux conseils à ce sujet : prenez un papier qui a du corps, et surtout n'utilisez pas votre imprimante maison. Il existe des services en ligne d'un bon rapport qualité/prix qui vous donneront un résultat beaucoup plus satisfaisant.
- **La rencontre client :** de loin le plus efficace, mais aussi celui qui nécessite une bonne préparation. Vous avez un prospect devant vous ; vous ne voulez pas rater cette occasion de passer un message sur les

avantages que vous pouvez lui apporter. Que vous proposiez spontanément vos services ou que vous soyez sollicité par le prospect, faites des recherches sur ce que vous pouvez apporter à cette personne, cette entreprise avant même de la contacter et de la voir afin qu'elle sache que vous êtes sérieux. Ciblez votre message non pas sur vos compétences, mais sur ce que vous êtes en mesure de faire pour elle, de lui apporter.

Vous aurez le temps de parler de vos compétences lorsque vous aurez confirmé son intérêt.

- **Les rencontres sociales :** soirée mondaine, réunion de Chambre de commerce, clubs sociaux, foires commerciales, salons professionnels... Toute rencontre durant laquelle vous êtes en contact avec de futurs clients doit être exploitée ; allez au-devant des clients. Faites vos recherches sur le but de ces rencontres, sur qui sera possiblement présent, et fixez-vous des objectifs réalistes.

  Une de mes clientes devait assister à une rencontre de réseautage dans son secteur d'activité ; nous avons donc établi une stratégie précise pour sa soirée. Résultats : elle a réussi à parler et à obtenir un rendez-vous avec la présidente de l'organisation afin de discuter d'un projet commun. Dans la semaine qui a suivi cette rencontre, elle a aussi décroché 2 engagements de conférenciers et trouvé une cliente pour une formation qu'elle dispensait. L'exemple n'est pas lié à la photographie, mais vous comprendrez facilement que quel que soit le domaine de services dans lequel on évolue, le relationnel reste primordial ; aussi devrez-vous essayer de tirer profit de toutes les occasions vous mettant au contact de clients potentiels.

- **Les rendez-vous sollicités par un client prospect :** assurez-vous lors d'un contact téléphonique ou lors des premiers échanges d'e-mails de bien connaître la raison pour laquelle on vous sollicite et d'être en mesure de proposer des solutions avant tout. Là encore, une bonne préparation saura démontrer votre intérêt face au projet de ce client en plus de confirmer votre compétence. Nul n'a de temps à perdre, ni vous ni le prospect.

- **Le site Internet :** voyez-le comme une fenêtre sur un monde aussi vaste que vous le désirez. Un site Internet doit parler pour vous, informer les prospects des différentes solutions que vous pouvez leur apporter, et non pas seulement montrer de belles images. Placez, dans un ordre bien établi, les points d'informations en haut de page : Accueil, Concept, Expérience, Produits, Foire aux questions (FAQ), Biographie et Contact.

Sur chaque page, on doit trouver un bouton principal favorisant la navigation et incitant le visiteur à cliquer – à passer à l'action – pour recueillir des informations (vous avez su capter son attention) d'une part, et pour vous contacter d'autre part.

Ressource
Sur le lien suivant, je vous propose une arborescence pour votre site Internet : www.photocoach.com/fr/images/free-download/Site Internet2.jpg.

- **Les réseaux sociaux :** formidables vecteurs de communication et de promotion, Facebook, Twitter, LinkedIn, Flickr... ont tous une raison d'être particuliers (là où l'on reparle de « spécialisation » !) et nécessitent d'être utilisés dans leur contexte individuel, et avec leur propre code pour ne pas risquer de « tomber à côté » de la cible.

  Prenez garde aux messages que vous postez, comme aux commentaires que vous pourriez rédiger à vif et qui resteront gravés dans le marbre, même s'ils sont faits à titre personnel. Pour votre client, vous n'avez qu'une image.

  Si un message reçu va à l'encontre de vos convictions, prenez le temps de réfléchir avant de répondre ; est-il utile que vous déposiez un commentaire à votre tour ? Si, en revanche, un article porte atteinte à vos services ou à votre personne, essayez de répondre rapidement en veillant à désamorcer le propos et à ne surtout pas créer de polémique qui pourrait ternir davantage votre réputation.

  Nous entendons régulièrement des histoires de compagnies fautives qui ont choisi de ne pas réagir à une situation critique et qui l'ont regretté. D'autres au contraire réagissent très vite en reconnaissant leur erreur et en présentant les solutions mises en place, ce qui représente souvent une très bonne forme de publicité.

- **Médias écrits :** très diversifiés, ciblés ou généralistes, ces moyens de communication ont leur utilité, à condition d'être employés dans leur contexte de clientèle ciblée. Si vous cherchez à utiliser un média local ou une revue spécialisée, ne vous contentez pas de faire uniquement insérer un encart publicitaire (on sait que les lecteurs ne les regardent pas ou les oublient aussitôt le magazine refermé), proposez plutôt un article qui informera le lecteur sur votre activité ou sur une thématique proche, et faites placer une annonce sur la page adjacente qui propose vos services liés. Votre nom apparaîtra discrètement en bas de l'article comme auteur expert – une bonne manière d'asseoir votre réputation ! – sans que l'article puisse être assimilé à un publireportage. Si vous êtes photographe de mariage ou de naissance, ce type de promotion est tout indiqué.

- **Plaquettes de services :** même si vous croyez qu'Internet et les documents électroniques sont plus modernes, plus économiques et plus efficaces pour atteindre les clients que les supports imprimés, ces derniers ont toute légitimité à faire partie de votre artillerie promotionnelle. Étant donné la facilité des lecteurs à zapper et à consulter tout type de document en diagonale, là encore, pas question d'en bâcler la présentation ni le contenu.

Pour chaque service que vous développez, vous devriez pouvoir remettre au prospect une plaquette descriptive qui l'informe des étapes à suivre pour profiter pleinement de l'expérience et qui lui permette de s'assurer un résultat conforme à ses souhaits. Le contenu de la plaquette peut en effet l'aider à cerner sa demande, à redéfinir certains points.

Renoncez aux plaquettes généralistes qui, en présentant toutes vos activités sur un seul et même support, n'apportent pas les renseignements essentiels attendus par les prospects. Denses en informations, elles ne sont par ailleurs pas forcément plus simples, ni moins coûteuses à réaliser que de petites plaquettes thématiques, et peuvent nécessiter davantage de mises à jour. Vos prospects souhaitent recevoir un document propre au service recherché et le mettant en avant, comme s'il s'agissait véritablement du pan principal de votre activité.

Privilégiez donc les petites plaquettes, toutes harmonisées selon votre image graphique, mettant l'accent, en priorité sur ce que vos services apportent aux clients, ensuite vos valeurs, et finalement vos compétences, votre savoir-faire.

- **Messages téléphoniques :** souvent, c'est le premier contact avec un prospect. Quand on vous appelle, qu'entend-on ? Le message de votre boîte vocale est-il accueillant, monotone, informatif, évasif…, invite-t-il les personnes à laisser un message complet ? Si vous avez des employés, comment gèrent-ils les appels ? Avez-vous établi une formule de réponse uniformisée ? À la réception d'un appel et d'une demande spécifique d'un prospect, avez-vous des scénarios de réponses établis ? Vous croyez que ce serait trop impersonnel ? Savoir gérer le tout premier entretien téléphonique, en posant les bonnes questions au prospect, en anticipant les renseignements dont il pourrait avoir besoin est une attitude toute professionnelle. Vous ne pouvez risquer la nonchalance face à des clients souvent hésitants à faire appel à un pro. Vous appuyer sur une check-list de points à ne pas oublier, ne dois pas vous empêcher de rester aimable, enthousiaste, et de faire ressortir votre personnalité, en plus d'être sérieux.

  De cette manière, le prospect se sentira bien accompagné, car il ou elle aura les réponses à ses questions dans la séquence que vous aurez établie. C'est à vous de contrôler le flux de l'information, y compris le fait d'annoncer ou non vos tarifs.

- **Réponses de courriels :** le même sérieux s'applique ici que pour le message téléphonique. De plus en plus, les demandes arrivent par Internet, avec invariablement pour objet : « envoyez-moi vos tarifs pour... » ! Là encore, n'hésitez pas à préparer des réponses types, en veillant à les adapter à vos interlocuteurs.

  Si vous répondez immédiatement avec un tarif, dans la majorité des cas, la seule raison pour laquelle cet interlocuteur va poursuivre la conversation, c'est que vous êtes le moins cher. Voulez-vous vraiment vous placer dans cette catégorie ?

À noter
Répondez dans la mesure du possible à vos messages téléphoniques ou électroniques dans un délai de 24 heures. En cas d'absence prolongée et d'impossibilité de relever appels et courriels, laissez un message informant prospects et clients de votre date de retour.

Répondre à un e-mail

L'objectif principal de votre réponse est d'obtenir un rendez-vous téléphonique avec le prospect. Rédigez votre message en lui demandant son numéro et en lui expliquant pourquoi vous voulez lui parler (vous cherchez à obtenir plus d'informations sur son projet de manière à pouvoir lui proposer un concept qui répondra à ses attentes).
Exemple : « Votre projet nous tient vraiment à cœur. Sachant qu'il est impératif que vous soyez très à l'aise avec la personne qui sera choisie pour remplir vos attentes, pourriez-vous nous indiquer votre numéro de téléphone, afin que nous puissions en discuter dans les plus brefs délais.
Durant ce rendez-vous téléphonique, nous répondrons à toutes vos questions tout en lançant ensemble le processus de création.
Merci de votre collaboration. »

- **Identification physique de votre studio :** quelle allure a votre studio ? Hyper organisé, propre intérieurement et extérieurement ? À quand remonte la dernière rénovation ? Avez-vous un accompagnement visuel sur les murs de votre studio ou bien tout est-il affiché pêle-mêle ?

  Imaginez un client qui pousse la porte de votre studio. Vous disposez d'une belle galerie d'exposition de vos œuvres ; celles-ci sont classées par catégorie et sont mises en valeur par un bel éclairage. Le client est attiré par l'une des images exposées au mur. Cela permet d'ouvrir le dialogue n'est-ce pas ? Voici les questions que vous pourriez lui poser :

  – « Vous avez un projet particulier en tête ? »
  – « Qu'est-ce qui vous attire dans cette image ? »
  – « Il y a un événement spécial dans votre vie ? »

- **Messages de suivi sur devis :** l'un des gros soucis des photographes – et de beaucoup de commerçants ! – est le manque de suivi après l'envoi d'un devis. Ils s'imaginent qu'une fois le document présenté, la balle est dans le camp du prospect, et qu'à relancer, on passe pour harcelant. Oui, sauf que cette personne pourrait avoir besoin de plus d'informations... Ainsi, pour faire suite à l'envoi de votre devis, prenez le temps dans les 24 heures ou moins, de confirmer votre intérêt pour le travail proposé et demandez au prospect s'il a des questions qui nécessiteraient des réponses. C'est déjà une manière d'entamer le processus de collaboration.

- **Matériel support au service client :** une fois le client parti, satisfait de votre prestation, le service ne se termine pas là. Carte de remerciement, carte anniversaire, suivi de satisfaction, demande de témoignages, requête de référence contribuent à ce que le client ne vous oublie pas et devienne un client à vie. C'est la culture de la loyauté d'un client qui doit être une priorité. Cela ne vient pas naturellement : il faut y travailler constamment.
- **Votre personne :** vous êtes un personnage. Flamboyant, réservé, extraverti, introverti... quel que soit votre caractère, vous devez composer avec ce trait de personnalité et établir votre réputation.

À noter
« Il faut vingt ans pour construire une réputation et cinq minutes pour la détruire. » Cette citation de l'homme d'affaires américain Warren Buffet nous invite à la plus grande prudence dans nos comportements et nos prises de position.

Rien de mieux que le réseautage parmi les groupes d'affaires locaux pour favoriser les échanges entre membres. Je vous encourage fortement à intégrer différentes organisations commerciales afin de promouvoir, en personne, vos services, et à participer régulièrement aux activités proposées. Soyer actif ; les gens apprendront ainsi à vous connaître et le lien sera beaucoup plus facile lorsque vous solliciterez leur appui.

- **Tenue vestimentaire :** au risque d'être répétitif, ce sujet va certainement susciter des froncements de sourcils. Chacun veut se présenter à sa façon (hors de question d'adopter un uniforme !), je le conçois très bien. Mais la liberté vestimentaire n'empêche pas de prêter un minimum de soin à son apparence, notamment dans le cadre professionnel. Faire un mariage en jeans, sandales et t-shirt ne vous aidera pas si vous voulez développer des prestations haut de gamme, avec une tarification plus élevée que ce que l'on trouve d'ordinaire sur le marché. Je sais, je sais, vous avez un style, sauf que style/valeurs/prestations/tarifs/clientèle doivent aussi correspondre, et que l'image que vous renvoyez doit être cohérente avec ce que vous proposez.

Les commentaires ne vous dérangent pas ? Soit, mais n'oubliez pas que vous vous présentez devant vos futurs clients et que la décision de vous contacter ou de faire affaire va reposer pour une bonne part sur vos performances et pour une autre bonne part sur votre comportement, votre attitude. Vous me direz que la couleur de votre chemise ou la propreté de vos chaussures ne devraient pas entrer en ligne de compte, surtout que vous êtes un super photographe, certes vous avez raison, malheureusement, on ne peut rien changer au fait que les gens se font une opinion à partir de très peu de choses et que le fait que vous soyez un « super photographe » n'est pas inscrit sur votre front. Et puis, qu'est-ce qui les assure que vous serez mieux mis – autrement dit, pro jusqu'au bout des ongles – le jour de la prise de vue ?

Conclusion et marche à suivre

La promotion de nos services se fait en grande partie par le contact humain, individuel, avant d'approfondir et surtout de cibler le message à faire passer. Quel que soit le médium utilisé, le message doit être attirant et non pas seulement une offre portant sur un rabais. Votre message doit aussi demander au lecteur de passer aux actes.

1. Soignez vos points de contact avec vos prospects et ceux-ci deviendront des clients loyaux.
2. Soyez attentif à la première impression que vous créez chez un nouveau client, car elle sera fixée à tout jamais dans sa tête.
3. Investissez dans votre image de marque sous tous ses aspects.

Fixer votre salaire et établir vos tarifs

Voilà un sujet épineux pour tous les photographes, et si nous mettons l'accent, dans ce chapitre, sur le salaire et les tarifs, c'est que l'un ne va pas sans l'autre. Aussi bizarre que cela puisse paraître, il semble surprenant pour la plupart des gens que les photographes se versent un salaire. Il est vrai que beaucoup de photographes ont la chance d'avoir un conjoint qui rapporte des sous à la maison, pourtant, pourquoi ne seraient-ils pas en mesure de générer eux aussi grâce à leur métier un revenu régulier et correct, au risque de voir leur passion s'émousser rapidement.

Pourquoi se fixer un salaire est-il nécessaire ?

J'y vois trois raisons principales :

1. la motivation au travail ;
2. la sécurité familiale ;
3. la structure de vos tarifs.

Que vous soyez motivé au travail est essentiel, car c'est ce qui alimente la passion. La très grande majorité des créateurs d'images se sont lancés dans les affaires par passion. Passion pour les images, pour leurs clients et je l'espère pour les affaires, car cette activité demande une énergie considérable. Nier l'aspect économique du métier et la nécessité de générer un profit est toutefois une aberration.

Une chose importante qu'il faut réaliser : il y a une grande différence entre générer un chiffre d'affaires et un salaire. La confusion est pourtant répandue parmi les photographes et c'est là la tragédie. Beaucoup croient en effet que le simple fait d'avoir un bon chiffre d'affaires va leur garantir un salaire. Rien n'est plus faux ! N'oubliez pas que le salaire va vous permettre de couvrir vos « dépenses personnelles », tandis que le chiffre d'affaires va vous permettre de couvrir vos « dépenses d'entreprise » (dont le salaire fait partie).

La plupart des studios sont gérés sous le format de petite entreprise avec propriétaire unique, le montant résiduel après toutes les charges est calculé comme un salaire. J'y vois trois problèmes importants :

- vous ne pouvez compter sur un salaire stable, car il fluctue constamment au gré du chiffre d'affaires et des charges. C'est donc compliqué de planifier une activité rentable ;
- ne sachant pas l'ampleur de vos besoins salariaux, comment attribuer cette charge, qui est la plus grande de votre studio, dans l'établissement d'une carte de tarifs équilibrée (voir ci-après page 93) ;
- cette situation d'incertitude de moyens financiers stables cause des soucis importants dans la vie quotidienne, lorsque vous cherchez à louer un bien, à obtenir un prêt bancaire pour l'achat d'une maison, d'un équipement, etc.

Je sais que je vais lever le bouclier de ces générateurs d'images purs et durs qui croient que seule la création compte. Excusez-moi, mais lorsque vous décidez de faire des affaires, l'apprentissage de l'aspect commercial est aussi important que celui des techniques de prise de vue, d'éclairage et de postproduction, et se fixer des objectifs économiques est aussi essentiel que de chercher à améliorer sa technique et à diversifier le type de prestations offertes. Tout ceci est crucial pour le développement de votre activité, pour votre qualité de vie, et pour celle de votre famille.

Et puis, qu'y a-t-il de plus motivant que de savoir que vous êtes récompensés à votre juste valeur ? Je considère quand même que faire de l'argent est le résultat d'une série d'actions structurées et non pas nécessairement un objectif de vie.

Sachant que votre salaire a une influence directe sur la tarification. Si vous ne calculez pas ce montant avec exactitude, comment allez-vous savoir quels tarifs proposer sur chacun de vos produits et services ?

Voici mon raisonnement : dans le calcul de toutes vos charges administratives, il est obligatoire de ne rien oublier. Savez-vous que les salaires, dans la très grande majorité des entreprises, représentent le plus gros pourcentage de charges ? En effet, dans notre industrie, ce coefficient se chiffre normalement entre 35 et 40 % du chiffre d'affaires global. Nulle autre charge n'est aussi élevée.

Alors, comment gérer un studio sans en tenir compte ?

Dans vos calculs de charges, en incluant les salaires de toute personne travaillant dans votre studio, y compris le vôtre, vous aurez une bonne idée de ce que votre entreprise vous coûte annuellement.

Nul employé n'accepterait de travailler pour vous à long terme sans salaire. Considérez-vous alors comme un employé ; peu importe le statut légal que vous avez. Ceci est une méthode de calcul, pas une justification légale.

Se salarier au début...

Je suis conscient qu'au début, vous ne pourrez pas vous verser un salaire aussi élevé que vous pourriez l'espérer par manque de chiffre d'affaires. Sauf que, comme je le disais plus haut, il faut tout de même établir une tarification pour vos produits dès le départ. Comment pouvez-vous faire autrement ?

- En vous inspirant des tarifs de vos concurrents ! Voilà le pire scénario selon moi, car rien ne vous dit que ce confrère est rentable. Vous n'avez aucune indication sur son statut fiscal et sur le volume de ses charges. Les tarifs qu'il applique sont à prendre avec des pincettes, ils ne peuvent en aucun cas constituer une information fiable. Donc à éviter à tout prix.
- Vous désirez « voler » de la clientèle en pratiquant des tarifs « au ras des pâquerettes » ! Bonne chance. Voilà le scénario d'un échec garanti. Si l'un de vos concurrents décide d'adopter la même « stratégie », comment allez-vous procéder ? Baisser vos prix en même temps que les siens ? Croyez-moi, cette stratégie peut sembler fonctionner au début, mais ce sera de très courte durée, car la clientèle que vous allez attirer sera celle qui recherche les aubaines, les rabais, la bonne affaire, autrement dit le meilleur prix sans égard à la qualité de vos images, au contenu de vos prestations, etc. Le jour où vous aurez compris l'importance d'avoir des tarifs cohérents avec vos prestations et votre clientèle, vous devrez renouveler toute votre clientèle, et ça, c'est conséquent.

Calculer son salaire

Commencez par déterminer le montant brut annuel du salaire désiré qui vous aidera à couvrir vos dépenses personnelles et à avoir une vie correcte, c'est-à-dire vos frais fixes de vie : loyer personnel, véhicule, essence, électricité personnelle, impôts, cotisation retraite, alimentation, vêtements, loisirs, vacances, épargne... Ne raisonnez pas en « salaire net mensuel », vous risqueriez d'avoir de mauvaises surprises en ne pensant pas déjà aux diverses cotisations qui viendront entamer les sommes touchées.

Si vos dépenses personnelles incluant toutes vos charges sociales (loyer personnel, électricité personnelle, vacances, épargne, etc., comme citées précédemment) sont de 60 000 €, ne serait-il pas rassurant que votre salaire mensuel puisse refléter ce montant ? Diviser cette somme par 12 vous donne un chiffre mensuel de 5 000 € duquel vous déduisez vos charges sociales, impôts. Le solde vous permettra de couvrir vos dépenses personnelles.

Cela vous semble difficile ? Il est pourtant facile de prévoir son salaire en le planifiant dans un budget annuel d'opérations. Il s'agit d'un objectif à atteindre, nous sommes d'accord, mais comment l'atteindre si vous ne le prévoyez pas dans vos tarifs ?

Normes du secteur de la photographie

Les normes de l'industrie dictent que les salaires, incluant le vôtre, devraient correspondre à 35 ou 40 % de votre chiffre d'affaires annuel. Je tiens à préciser, encore une fois, qu'il s'agit d'un salaire brut.

Je fais un tableau pour mieux faire comprendre mon principe :

Chiffre d'affaires	100 %	100 000 €
Coûts de production (frais variables, liés à la production) Retouche, tirage, plastification, encadrement, travail de pigiste, etc.	20 %	20 000 €
Profit Brut	80 %	80 000 €
Charges administratives (fixes) incluant salaires de tout le monde (40 %), impôts, charges sociales + électricité, assurances, loyer et autres charges fixes.	70 %	40 000 € (salaires + charges sociales + impôts) 30 000 € (autres frais fixes)
Profit net	10 %	10 000 €

Ce modèle de calcul est identique à ce qu'une société anonyme aurait. Donc, le profit net est véritablement un profit et pas un salaire pour le propriétaire puisque celui-ci a déjà été prévu dans les frais fixes. Dans le cas d'une entreprise à propriétaire unique, cette somme s'ajouterait à son salaire.

Vous constatez dans cet exemple que le montant alloué aux salaires et charges sociales est de 40 000 €, ce qui est insuffisant pour avoir un employé à temps complet, trop modeste même pour faire vivre une famille sur ce revenu seul. Si votre conjoint travaille, en revanche, vous aurez une vie plus confortable. Toutefois, je vous invite à viser plus haut afin de devenir autonome sans ce salaire supplémentaire. Qui sait ce que la vie va nous apporter comme défi !

Si vous ne prévoyez pas votre salaire dans votre budget d'exploitation, vous ne saurez pas exactement le montant de votre rémunération, tout dépendra en effet de ce qui restera à la fin du mois. Si par chance il reste de l'argent, vous aurez un salaire, sinon… rien pour ce mois-ci.

Comment pourrez-vous planifier un avenir prospère sur de telles bases ?

Si vous cherchez à connaître quel chiffre d'affaires est nécessaire pour embaucher du personnel, le calcul est simple. En allouant 40 % de votre chiffre d'affaires global aux salaires, vous savez quel chiffre d'affaires est nécessaire pour une telle charge salariale.

À noter
Si par hasard vos charges fixes sont plus basses que la moyenne, vous pourrez donc profiter d'un plus grand pourcentage à dédier aux salaires.

Des doutes sur les chiffres

Je sais qu'il y a un doute qui vous vient à l'esprit. Je vous assure que cette évaluation est exacte. Mon expérience de plus de 35 années me le prouve. J'ai administré un studio qui avait une masse salariale de plus de 600 000 €. Une de mes tâches administratives était de garder un œil attentif sur le pourcentage du chiffre d'affaires dévolu aux salaires, car il était conséquent. Tout au long de la croissance de mon studio, qui est passé de deux (moi inclus) à 23 employés, le calcul a toujours été le même. Ne pensez pas que vous êtes trop petit pour opérer ce type de raisonnement et qu'il ne s'applique qu'aux grosses sociétés.

Je vous propose de bien calculer les charges de votre entreprise qu'elles soient très récentes, en cours de lancement ou plus anciennes. Si vous trouvez que ce travail est laborieux, car vous ne saisissez pas la méthode, faites-vous aider. Les conséquences peuvent être dramatiques si vous partez du mauvais pied, tandis qu'un calcul exact saura préserver votre passion et votre motivation.

Ressource
Dans l'ouvrage *Kodak, comment administrer un studio photo*, publié en 1976, vous trouverez un exemple classique de gestion d'un studio photo.

Marche à suivre

1. Calculez bien votre salaire souhaité avant même de vous lancer dans cette aventure commerciale.
2. Faites un budget prévisionnel annuel incluant tous les salaires.
3. Si vous êtes dans le doute, consultez un spécialiste des finances. Ne vous lancez pas sur la passion seulement.

Établir des tarifs réalistes et logiques

À méditer
« Le prix est l'ennemi de la différenciation. Lorsque le tarif devient le point de mire du message, ou de votre activité commerciale, vous minez toutes vos chances d'être perçu comme unique. » Jack Trout

Pas trop découragé, j'espère ! Le plaisir commence.

Il y a une réalité à laquelle vous ne pouvez échapper. Si vous êtes dans les affaires, un tarif doit être apposé à chaque produit, à chaque service offert ; vous ne pouvez faire autrement, même si votre conjoint gagne bien sa vie. Et il n'est pas non plus question de casser le marché en pratiquant des tarifs bas. Produits et prix doivent être en cohérence.

Vous cherchez une « formule » pour déterminer une gamme de tarifs. Un peu de patience ; avant de vous expliquer comment procéder, je souhaiterai d'abord que vous preniez conscience de certaines choses. Les questions que je pose ci-dessous vont vous permettre de mesurer l'utilité de vos tarifs (qu'y a-t-il derrière le gain d'argent ?) et de comprendre ce qu'implique de se vendre au rabais.

Pourquoi créer une gamme de tarifs convenable ?

- Pour nourrir votre famille.
- Pour vous apporter les ressources financières nécessaires pour continuer à servir vos clients avec la connaissance et les équipements de pointe.
- Pour valoriser et cultiver votre passion.
- Pour avoir une qualité de vie conforme à vos ambitions.
- Pour partir en vacances avec votre famille.
- Pour bâtir une retraite intéressante.

Pourquoi offrir des rabais ?

- Pour travailler plus.
- Pour passer moins de temps avec votre famille.
- Pour ne pas prendre de vacances.
- Pour baisser votre niveau de vie.
- Pour bâtir un environnement de stress par manque de ressources.

Je crois que vous l'aurez compris, selon moi, se vendre au rabais n'est vraiment pas la solution, et ce, même quand on démarre. C'est donc une option à évacuer lors du calcul de ses tarifs.

Établir ses tarifs, une tâche ardue

Bâtir une gamme de tarifs est l'un des exercices les plus compliqués lorsque l'on n'a pas de « système ». Avant de vous présenter celui que j'ai établi, j'aimerais que vous reteniez ceci.

1. **Vous êtes responsable de vos tarifs.** La photographie étant un travail d'artiste, personne ne peut vous dicter vos prix, surtout pas la concurrence, ni le client.

2. **Votre niveau d'expérience peut avoir une influence sur vos tarifs,** mais attention, il y a un niveau de base à respecter pour ne pas risquer de remettre en question la rentabilité de votre studio. À défaut, les conséquences pourraient être dramatiques.

3. **Vous devez conserver le contrôle sur vos tarifs.** Vous seul avez le pouvoir de les modifier, de proposer des rabais comme de les réévaluer. Et ne croyez pas qu'offrir un rabais est le seul moyen de conserver le client. C'est l'un des pires !

4. **Soyez un leader.** Puisque vous avez une marque de commerce bien établie, une signature particulière, le client ne doit pas être déçu par une tarification qui ne concorde pas avec votre image. Vous comprenez l'intérêt de bien se positionner.

5. **Si vous croyez profondément que vos tarifs sont trop hauts, ils le sont.** Cela signifie que vous ne croyez pas en votre propre valeur et que vous êtes persuadé que le client sentira l'arnaque. Avec un tel état d'esprit, vous projetez une vibration négative qui vous placera constamment dans un climat de négociation ardue. Changez votre attitude face à votre valeur et au tarif qui y correspond. **Assumez vos prix !**

6. **Une bonne préparation à la vente éliminera la grande majorité des objections que pourrait formuler le client.** Augmentez considérablement votre confiance avec une préparation adéquate. Ceci fait partie de l'accompagnement proposé au client et celui-ci saura jouer le jeu, car il se sent en confiance. Le moment pour développer une philosophie sur la tarification est avant la négociation, pas durant ni après.

7. **Ne croyez jamais que les clients pensent que vos prix sont trop hauts.** Leurs attentes sont peut-être trop basses pour votre valeur. La plupart des gens ne savent pas comment apposer une valeur, ni ne connaissent les règles de ce marché, c'est pourquoi il faut les en informer. Leur perception que vos tarifs sont élevés ne confirme pas que vos tarifs sont « trop » élevés.

8. **Apprenez à dire « NON ».** « Non » est une réponse. Il faut savoir l'apprivoiser. Ne soyez pas frustré par quelqu'un qui demande un rabais ; c'est une habitude d'achat plutôt classique. Personnellement, c'est un jeu pour moi de le faire et si le vendeur manque d'habileté pour me répondre « non », ce n'est pas mon souci. Et s'il m'accorde un rabais, alors je présume qu'il sait ce qu'il fait et qu'il a les moyens de le faire.

Comment répondre à une demande de remise ?

Le client : « Pouvez-vous m'accorder un rabais ? »
Vous : « Je comprends et respecte bien votre demande, mais, ceci est notre tarif. »
Ou
le client : « Vous pouvez certainement m'accorder un meilleur tarif ! »
Vous : « Nous sommes en mesure de vous accorder toute notre expérience et un service exceptionnel, mais ceci est notre tarif. »
Êtes-vous suffisamment confiant en votre travail, votre expérience et conscient de ce que vous apportez à vos clients pour répondre de cette façon ? Il le faut !

9. **Soyez fidèle à votre gamme de tarifs.** Le fait de proposer des tarifs « spéciaux » à différents clients selon « leurs demandes » va vous rattraper un de ces jours. La raison principale pour laquelle je tenais à avoir une carte de tarifs précise était que je ne voulais jamais avoir à justifier pourquoi j'avais facturé un travail similaire différemment à un client par rapport à un autre. Tout le monde était au même niveau ; grande entreprise ou petit client. Et heureusement, je n'ai jamais eu à le faire.

10. **Les clients qui vous demandent des remises vous feront perdre beaucoup de temps.** Souvent, ce sont les plus exigeants, car ils ne réalisent pas la valeur de ce que vous offrez. En pliant facilement devant leurs demandes, vous jouez leur jeu et leur montrez que vous ne croyez pas à votre propre valeur.

11. **Vous allez courir après votre argent.** Ces personnes traînent généralement à payer leur solde, car elles ne vous respectent pas.

12. **Ces mêmes clients vont répandre la nouvelle que vous êtes faible en affaires.** Pire encore, vous risquez de recevoir leurs amis qui vont également chercher à vous faire plier sur vos tarifs.

13. **Aucune loyauté ne ressortira de cette transaction.** Si vous croyez que ces gens vont revenir, cessez de rêver. Même s'ils vous disent qu'ils vont parler de vous à toute leur famille, ne les croyez pas.

14. **Vous devrez consacrer plus d'efforts et d'argent pour ces clients exigeants** que pour des clients réguliers. Leur niveau de satisfaction sera en effet beaucoup plus difficile à atteindre.

15. **Cela va miner votre confiance en vos tarifs.** Vous douterez constamment de votre capacité à vous vendre selon les prix que vous aurez déterminés.

Conseil
Ne croyez surtout pas que chaque prospect qui vous sollicite est bon pour vous. Tous les clients potentiels ne sont pas vos clients.

Calculer la bonne marge

Il y a beaucoup de confusion sur le niveau de marge en photographie. Comme déjà dit, se baser sur ce que pratique la concurrence est le pire des scénarios. Ce qui se fait dans le commerce de détail n'est pas non plus forcément transposable. La photographie est un service, aussi les marges doivent-elles être calculées différemment. Pour ma part, je propose un système reposant sur une majoration des coûts de production réels. Une fois ce tarif établi, je vous conseille d'ajouter un % pour le niveau d'expérience (signature) que vous offrez à votre clientèle.

Coûts réels de production

Il s'agit des coûts entrant dans la production d'un travail : matériel de production, tirages photo (laboratoire) ou encres, papier, temps de tirage (si vous faites vos propres tirages), retouches, albums, encadrements, montage, plastification, etc.
À ces frais, il faut en associer d'autres, souvent oubliés : travail de l'assistant-pigiste, coiffeuse maquilleuse pigiste...

Souvent, le plus gros montant des coûts de production correspond au travail de retouche que la plupart des photographes se croient obligés de faire par eux-mêmes par souci d'économie. Selon moi, il s'agit là d'une fausse perception d'économie. Vous faites vos propres retouches et vous ne comptez pas de frais pour cela ?! Erreur monumentale.

Supposons que vous ayez recours à un sous-traitant pour effectuer vos retouches, vous auriez une facture à payer n'est-ce pas ? Quelle est la différence si vous faites le travail vous-même ? Pour générer les revenus et pour payer votre salaire net de 2 500 € par mois, vous devez avoir des tarifs qui tiennent compte de cette charge ; il faut alors prévoir celle-ci dans votre coût des ventes, vos tarifs devront être ajustés en conséquence.

Quelle est la différence entre ce fournisseur de services (retoucheur) et vous ? Chacun doit être payé, vous y compris. Même scénario pour ceux qui tiennent à faire leurs propres tirages. Je conseille à mes clients de les facturer comme si le travail avait été effectué par un laboratoire professionnel ; le vrai coût de production est alors connu. Évidemment, votre défi sera d'être aussi efficace que le labo afin de conserver une rentabilité acceptable.

Le temps que vous passez à retoucher vos images doit compter ! Sinon, vous travaillez pour rien ! Mais comment estimer ce temps ?

Pour atteindre un salaire brut (c'est-à-dire incluant toutes vos charges sociales) de 60 000 € par an, chaque heure de travail coûte à votre entreprise 33,33 € basé sur une année de 1 800 heures de travail. Si vous travaillez moins, ajustez ce chiffre. Si vous travaillez plus, je vous conseille de ne pas ajouter ces heures supplémentaires et voici pourquoi. En général, un photographe passe beaucoup trop de temps sur la production de son travail, beaucoup plus qu'un travailleur normal. Il cherche à apposer sa signature et croit, souvent à tort, qu'il est le seul à pouvoir le faire. Or, le client n'est pas forcément prêt à payer le surcoût que cela implique. Alors un peu de discipline et de précision dans vos calculs : visez la rentabilité.

Mon objectif est de vous enseigner un système qui vous apportera une vie plus équilibrée en ce qui concerne le nombre d'heures travaillées afin de profiter de la vie et de votre famille. Pour atteindre cet objectif, vous devez trouver l'argent nécessaire, ce qui veut dire avoir une tarification adéquate.

Exemple

Revenons à nos calculs. Concrètement, si vous passez 20 minutes à retoucher une image, votre véritable coût pour la produire afin de vous garantir un salaire brut annuel de 60 000 €, est de 11,11 € plus le coût du tirage. Ce chiffre est déterminant dans le calcul de vos tarifs, car il faut absolument en tenir compte. Je répète le raisonnement encore une fois : si vous confiez le travail de retouche à une tierce personne, celle-ci vous remettrait une facture pour son travail. Vous l'acquitteriez, n'est-ce pas ? Ce montant serait calculé dans vos charges de production et influencerait vos tarifs.

- Retouche = 11,11 € soit 33,33 € / 3 = 11,11 € (pour 20 min. de travail)
- Tirage = 2,50 €
- Plastification = 2,50 €
- Total = 16,11 €

À noter
Les chiffres indiqués ci-contre sont approximatifs.

J'enseigne à tous mes clients et stagiaires de conserver une marge de coûts de production d'environ 20 %, ce qui donne un profit brut de 80 % permettant de couvrir toutes les autres charges fixes (salaires, impôts, loyer, électricité, publicité, assurance, téléphone, Internet, etc.).

Voici un tableau qui démontre une manière de calculer vos tarifs à partir de vos coûts de production.

Description	Coût tirage	Coût retouche	Coût montage	Cadre	Album	Autres	Total Coûts	Prix de vente HT	Profit brut
20 × 25 original	2,50 €	11,11 €	2,50 €				16,11 €	80,55 €	80 %
2e copie*	2,50 €	0 €*	2,50 €				5 €	25,00 €	80 %
40 × 50	15 €	11 €	12 €				38 €	190,00 €	80 %
2e copie*	15 €		12 €				27 €	135,00 €	80 %

* Dans le cas d'une reproduction identique à l'original (2e copie), vos frais de production sont plus bas, car la retouche est déjà calculée dans le tarif de l'original, cela vous permet de vendre le tirage moins cher et de conserver votre marge de 80 %.

Ce qui signifie qu'une fois vos coûts réels de production calculés pour chaque produit, vous devez multiplier par 5 ce montant pour connaître votre tarif de vente pour ce produit.

Dans le cas que nous venons de décrire (voir encadré précédent), ceci signifie que ce tirage original devrait se vendre 80,55 € pour vous permettre de couvrir toutes vos charges incluant tous les salaires. Naturellement, si vos charges fixes sont moindres, cela vous donnerait un plus grand profit. Voilà pourquoi le calcul de votre salaire dans les charges fixes est important, sinon toute cette équation est faussée et votre tarification est totalement erronée.

Vous croyez que ce coefficient multiplicateur est trop élevé ? Regardez autour de vous comment procèdent d'autres secteurs d'activités (vêtements, restauration, services financiers, bijouterie, etc.) ; les marges sont beaucoup plus importantes encore.

Ajuster vos tarifs

Vous constatez que vos tarifs ne vous permettent pas d'atteindre vos objectifs financiers, voici comment ajuster vos prix.

Paniqué ?! Voici une alternative.

Si votre marge doit augmenter de plus de 40 %, allez-y progressivement sur 6 mois, sur 1 année. Augmentez vos tarifs de 20 %, puis par étapes de 10 % tous les 6 mois.

Attention
Une augmentation de tarif seule ne sera pas toujours la solution si vous offrez un produit de qualité de base. Le client n'est pas dupe ; il sait si le tarif est justifié ou non. Alors, augmentez votre service client, la qualité de votre produit et l'accompagnement du client, et la hausse de vos tarifs devrait être acceptée sans grande difficulté.

Mettez vos nouveaux tarifs en vigueur le plus tôt possible, car plus vous attendez, plus vous perdez de l'argent. Un nouveau client ne peut pas connaître vos tarifs antérieurs, alors pourquoi hésiter ?

« Se justifier » auprès de fidèles clients

Que répondre si vos anciens clients s'interrogent sur la hausse de vos tarifs ?
« Mes amis, je comprends bien votre questionnement. Dernièrement, nous avons suivi une formation en gestion qui nous a montré que si nous continuions avec notre grille tarifaire actuelle, nous allions mettre la clé sous la porte très prochainement. Nous savons que nous rendons un fier service à nos clients et qu'il serait dommage de cesser nos activités. Alors, nous avons décidé d'ajuster nos prix afin, nous le souhaitons, de retrouver le chemin de l'équilibre et de la rentabilité.
Nous vous remercions de comprendre la situation. »

Êtes-vous paniqué avec ces informations ? Ne le soyez pas, car, c'est la règle de toute entreprise qui se veut rentable. Si vous avez des soucis avec ce qui tend à générer des profits, pourquoi êtes-vous dans les affaires ? Pour le simple plaisir ! Alors, pourquoi ne pas ajouter à ce plaisir, celui de profiter d'une rentrée d'argent qui vous assurera une qualité de vie confortable ?

Conclusion

Je sais que cette façon de calculer ses tarifs en étonnera certains, mais je sais aussi qu'elle fonctionne très bien. Comme je le disais plus haut, les chiffres présentés sont un minimum et, selon votre expérience, vous pourrez ajuster la marge de profit correspondant à votre service en adoptant un coefficient multiplicateur plus élevé.

Cette méthode vous permet de déterminer rapidement tout nouveau tarif et de garder le contrôle de votre rentabilité.

Gardez bien à l'esprit qu'il ne suffit pas de hausser ses tarifs pour développer son activité. Il vous faudra apporter un niveau de qualité et de service qui fera en sorte que le client ait la certitude de réaliser une bonne affaire. Ajoutez à cela, tout ce qui fut mentionné à ce jour dans ce livre et votre niveau de confiance sera en proportion de vos connaissances.

Marche à suivre

1. Faites le calcul précis de vos coûts d'exploitation.
2. Ajoutez toutes les charges de service, de retouche, relatives à chaque produit même si vous les exécutez vous-même.
3. Fiez-vous à ce modèle de calcul, éprouvé sur plusieurs années et appliqué par vos concurrents les plus rentables. Si vous désirez être rentable, utilisez cette recette.

Négocier les tarifs et sortir gagnant

Maintenant que vous avez fixé des tarifs que vous assumez, et qui sont cohérents avec votre offre, vous devriez être suffisamment confiant pour pouvoir les vendre en démontrant la valeur de votre travail et en imposant le respect.

Ce respect viendra seulement avec un équilibre entre une attitude envers votre talent et les besoins du client. Le respect, ça se mérite. Négocier est et sera toujours un échange par lequel les deux parties sortent gagnantes ; le client ne doit pas se sentir lésé. Il faut aborder chaque transaction avec la certitude que votre contribution saura répondre aux besoins du client et lui doit être sûr que vous irez au-delà de ses attentes et qu'il en aura pour son argent et même plus. Ne transmettez pas la peur de vous trouver dans un climat de confrontation.

Bien que cet ouvrage ne soit pas dédié uniquement à l'art de la négociation, il y a des principes de base qu'il faut respecter si vous désirez atteindre vos objectifs de vente tout en créant des relations à long terme avec vos clients.

Principes de base

1. **Soumettez des idées novatrices.** Autrement dit, analysez ce que la concurrence propose et placez-vous en marge de ce qui existe sur le marché. Nouveaux produits, nouvelle présentation, concepts de prises de vue différentes, éclairage unique, etc. De cette manière, la comparaison avec vos confrères sera plus difficile et vous pourrez proposer des alternatives auxquelles votre client n'aurait jamais pensé.

2. **Soyez préparé.** À moins que vous en soyez aux prémices de votre activité, vous devriez être au fait des multiples demandes des clients. Soyez professionnel : préparez-vous pour chacune de ces requêtes. Comment ? En faisant un bilan de chaque présentation. Une fois cette analyse terminée, notez toutes les revendications, objections et remarques que l'on a pu vous faire ou qui pourraient être soulevées, et élaborez une réponse qui, la prochaine fois, vous amènera plus près d'une entente avec le client.

3. **Créez un dialogue sur la perception de valeur.** Vous connaissez votre niveau de valeur, mais vous devez cerner celui du client qui se trouve face à vous. Une série de questions bien ciblées vous aidera à obtenir l'information (voir pages 97, 105 et 115).

4. **Comprenez qu'il y a différents styles de négociateurs.** Il y a ceux qui exigent une remise dès le départ et ceux qui n'expriment rien, vous laissant dans l'expectative. Que le client soit coopératif, agressif ou passif, vous devez vous ajuster constamment ; observez bien son comportement et adaptez-vous. Pour moi, c'est un jeu. Je vais presque toujours essayer d'obtenir un peu plus pour mon argent. Et je laisse le vendeur se débrouiller avec ma demande. J'avoue que je gagne souvent.

5. **Ne cessez jamais d'apprendre.** Si les ventes sont de votre responsabilité, vous vous devez de perfectionner vos talents de négociateur. Tout comme vous investissez dans l'apprentissage de la technique photo, il est impératif d'en faire autant avec les techniques de vente.

Conseil
Voici une lecture qui vous sera des plus utiles : *Comment réussir une négociation* de Roger Fisher, William Ury, Bruce Patton, Seuil, 2006.

10 astuces pour mener à bien votre négociation

1. Dès le départ, assurez-vous que le prospect a tout du client potentiel. Inutile de perdre votre temps et le sien alors que vos visions ne correspondent pas et que vous ne pouvez lui offrir ce dont il a besoin. Si le prospect vous interroge tout de suite sur vos prix, rien ne vous oblige à les lui donner immédiatement. C'est à vous de les « dévoiler » lorsque le moment vous semble opportun. Assurez-le toutefois que vous allez lui répondre et poursuivez avec une question sur les motifs de sa demande de service : « Je serai heureux de répondre à toutes vos questions concernant nos tarifs. Me permettez-vous d'abord de vous poser quelques questions afin de bien cibler votre projet ? »
2. Créez votre séquence de questions ciblées afin de déterminer l'ampleur de son projet.
3. Écoutez, écoutez, écoutez ses réponses. Vous êtes là pour lui et pour répondre à « sa » demande. Prenez bien en compte toutes les spécificités de son projet.
4. Prenez des notes. Lors de toute rencontre avec un prospect ou un client, je prends constamment des notes qui me permettent de mieux cerner les besoins et de montrer mon intérêt pour le projet exposé. En cas de besoin, je peux par ailleurs m'y référer.
5. Une faible résistance au tarif est normale. Après tout, faire appel à un photographe n'est pas une activité si courante pour la majorité des gens. Attention, cela ne veut surtout pas dire que vous devez céder et accorder une remise. Si vous le faites, cela indique que vous n'avez pas confiance en votre valeur. Soyez professionnel, et soyez conscient de ce que vous vendez au client.
6. Dans la mesure du possible, présentez une fourchette de prix (exemple : mon tarif se situe entre 1 245 et 1 329 €) et guettez la réaction de votre interlocuteur. Cette stratégie démontre que vous avez pris le temps de bien calculer votre tarif et qu'il n'est pas généré par hasard. Dans le cas de formules fixes telles la photographie de mariage, il est de mise d'avoir des tarifs plus déterminés, ce qui élimine l'idée de la fourchette de prix. En revanche, si le client désire avoir une idée de vos tarifs, il est plus simple de lui donner deux choix afin de tester le niveau de valeur de ses besoins.
7. Décomposez le montant total en petites sections. Lorsque vous avez plusieurs personnes à photographier, objets ou situations, donnez un

Conseil
Je ne donne pas nécessairement mon tarif horaire pour la simple raison que bien souvent, un client ne peut pas apprécier tout ce que comporte un tarif horaire et il peut le trouver élevé. Cela ouvre la porte à une discussion qui pourrait être inutile.

tarif par unité de photos. Par exemple, pour photographier 35 personnes individuellement durant un événement qui les rassemble toutes, notre proposition est de 95 € par personne (ce prix est donné à titre indicatif), ce qui inclut la prise de vue, le traitement en postproduction et un tirage format 13 × 18 cm.

8. Quand vous présentez votre offre, mentionnez le prix et attendez de voir la réaction du client. Et surtout, ne dites plus rien ! Apprenez à gérer ce silence ; il vous sera bénéfique. Si vous êtes le premier à parler, vous serez tenté de justifier le prix et démontrerez ainsi votre manque de confiance. Vous n'avez pas à vous justifier, surtout si on ne vous le demande pas.

9. Soyez cohérent entre vos prestations et vos prix. Un bas prix ne sera jamais perçu comme symbole de haute qualité. Le client s'attend à payer plus pour de la qualité. Si votre travail est de haute qualité, ne le décevez pas.

10. Si votre client vous dit que c'est hors budget, demandez-lui combien il avait prévu. N'ayez pas peur de faire cette demande et de jouer les indiscrets ; elle est nécessaire. Cela vous permet de vous situer dans sa fourchette de prix et de voir s'il lui sera possible de faire un effort ou de lui faire des propositions pour réduire la facture. Rappelez-vous cependant que les clients ne s'attendent pas à trouver des tarifs bas pour un travail de qualité.
    Si le client insiste pour obtenir un geste de votre part, alors vous devrez décider si ce travail vaut le prix que vous devrez payer pour l'accomplir. Serez-vous gagnant ou perdant en honorant ce contrat aux conditions fixées par le client ? Offrez-lui plutôt des moyens de mieux préparer son projet afin éventuellement d'économiser sur le temps. Peut-être pouvez-vous sinon lui proposer des moyens de financement alternatifs qui lui faciliteront la vie.

Négocier… Le jeu des arguments

Une société avec laquelle je travaillais régulièrement fit appel à mes services pour obtenir un devis pour un projet publicitaire. Mon interlocuteur, le directeur du marketing, était nouveau en poste et ne me connaissait pas.
Lors de notre premier contact, je dus lui revendre mes services afin de le convaincre de mes compétences, de mon professionnalisme, et de l'assurer de ma connaissance de ses produits. Jusque-là, rien d'anormal. Ceci étant fait, il me donna les détails du projet et je profitais de notre échange pour lui demander dans quel média serait diffusée la publicité. Avec cette information,

j'ai pu déduire le montant qui serait investi pour le placement média de cette annonce. Il s'agissait d'une coquette somme.
Dans mon devis, je devais tenir compte de la construction d'une maquette qui était le point central de l'image sur lequel le concept était établi. Concept que j'avais créé de toutes pièces et qui plaisait au client. J'ai pu évaluer avec précision le montant du devis.
Le jour de la présentation du devis venu, j'ai fait part des étapes de production et j'ai avancé mon tarif. Fin négociateur, voulant voir jusqu'où j'étais convaincu, mon interlocuteur m'a dit que le prix était trop élevé. J'étais prêt à cette éventualité. Voici ma réponse :
« Je comprends votre situation. Afin de vous aider à percevoir la valeur de votre projet, j'aimerais vous faire remarquer les points suivants :

1. Je vous ai proposé un concept original qui semblait remplir ce mandat parfaitement et correspondait exactement à votre souhait.
2. Vous avez de grandes attentes en termes de chiffre d'affaires pour ce projet puisque vous êtes prêt à investir une forte somme dans le placement média. Le travail de prise de vue ne représente que 6 % de cette somme, or les résultats de votre campagne reposent sur l'impact de cette image. Qu'en pensez-vous ? »

Il fut surpris de ma réponse, car je parlais chiffre, un langage qu'il connaissait bien et non de difficulté d'exécution, de qualité, etc. Il a avoué que c'était un bon argument, mais il a insisté un peu plus. Je lui ai donc proposé de ne pas lui facturer la prise de vue, mais j'exigeais en contrepartie 3 % des ventes générées par le projet. Il a finalement accepté mon devis selon ma proposition initiale.
Vous voyez l'importance d'une préparation adéquate. Savoir négocier sur le même terrain que le client, en adoptant son point de vue, en lui montrant que vous cernez ses problématiques et en vous positionnant comme partenaire de son succès, est la clé de votre réussite.

Conclusion

Dans toute négociation, le respect de chacun doit prévaloir. La personne qui sait comment accompagner l'autre dans un climat serein, de non-confrontation, sera celle qui gagnera. Je dis « gagner » dans le sens que ce sera gagnant-gagnant. Votre client en aura pour son argent, et vous n'aurez pas l'impression de travailler à perte.

Ne soyez plus jamais pris à l'improviste dans une telle situation. Votre professionnalisme exige que vous soyez en mesure de répondre avec aplomb. Formez-vous, formez votre personnel selon ces principes tout simples.

À méditer
« En général, les photographes connaissent leur valeur et établissent leurs tarifs en conséquence. » Cette pensée de Bradford Rowley, photographe américain, devrait faire réfléchir vos prospects.

Marche à suivre

1. Préparez vos négociations pour ne pas être pris de court. Vous connaissez les objections les plus communes, entraînez-vous à y répondre.
2. Parlez le langage du client, mettez en avant ce que ce projet lui rapporte au lieu de vanter votre qualité.
3. Écoutez, écoutez, écoutez.
4. Prenez des notes.
5. Regardez votre client dans les yeux.
6. Offrez-lui des alternatives pour économiser de l'argent sur son projet par une meilleure préparation de sa part. Vous donnerez l'impression de travailler pour rendre ce travail plus rentable.
7. Reprenez le concept du client à vie afin de bâtir une relation durable.

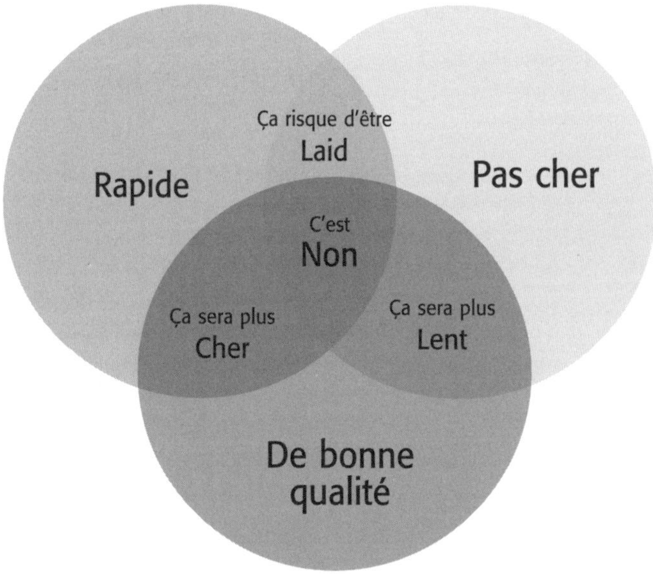

« Gratuit » n'est pas une option

Vous le voulez comment votre projet ?
(Vous pouvez faire jusqu'à 2 choix.)

Trois cercles s'entrecoupent… Si vous désirez un service rapide et de bonne qualité, l'intersection des 2 cercles vous montre que ce sera plus cher. Si vous désirez un service de bonne qualité et pas cher, ce sera plus lent. Si vous désirez un service rapide et pas cher, cela risque d'être laid. Enfin, l'intersection des trois cercles vous montre que si vous désirez un service tout à la fois rapide, pas cher et de bonne qualité, c'est impossible (« NON »). Gardez ce schéma en tête lors de vos discussions client.

Concevoir la vente 7

Avant de poursuivre, laissez-moi faire le point. Si vous n'aimez pas faire la vente de vos services, déléguez ce travail à des personnes compétentes, motivées et qui obtiendront des résultats.

Si vous avez peur de recourir aux services d'une telle personne par manque de ressources financières, faites le calcul sur ce que vous risquez de perdre du fait de votre incompétence et de votre maladresse. Vous croyez que votre talent de photographe peut apporter à vos clients des bénéfices importants autant économiques qu'émotionnels ; alors, pourquoi ne pas vous concentrer sur cette tâche et placer la responsabilité de vendre vos services dans les mains d'une personne qui est aussi passionnée pour la vente que vous l'êtes pour la photographie ?

Considérer la vente autrement

Rares sont les artistes qui sont en mesure de bien vendre leur art, rares sont ceux qui réalisent ce que leur talent peut apporter à leurs clients. De ce point de vue, la photographie apparaît comme un acte purement égoïste où seul l'aspect créatif compte. Certains vont même jusqu'à penser que pratiquer une fonction mercantile diminuera leur pouvoir de création. Rappelez-vous pourtant que vous ne vendez pas qu'une image, qu'un produit, mais ce qu'il va apporter à des gens.

Réalisez-vous aussi qu'être dans les affaires impose certaines règles que vous devez connaître voire maîtriser ? Si vraiment cela vous rebute, ayez l'intelligence de faire appel à des spécialistes.

Anecdote autour de la pratique du rabais

Un jour où mon assistante et mon épouse s'occupaient de vendre des images à un couple pour leur album de mariage, je suis venu saluer mes clients. Vous savez, en général, lorsque l'on passe beaucoup de temps avec un couple à l'occasion de son mariage, une belle amitié se noue. J'avais eu beaucoup de plaisir à faire leurs images et je le leur ai dit.

Le marié, enthousiaste lui aussi, m'a fait remarquer qu'ils étaient sur le point de faire une belle commande, car les images étaient vraiment exceptionnelles. Mon ego bien flatté, j'étais heureux du travail accompli, et c'est là qu'en toute innocence, il m'a dit : « André, nous avons une belle commande ici ce soir, tu peux sans doute faire quelque chose sur le prix ?
– Bien sûr ! »
Je me tourne alors vers mon épouse et lui dit de réduire la note de 10 % avant de m'en aller vaquer à mes autres affaires.
Aussitôt le client parti, j'ai eu droit à une sommation que je n'oublierai jamais. Mes collaboratrices avaient travaillé pendant 1 heure à bien « vendre » ces images et j'ai ruiné leurs efforts en réduisant le fruit de ce travail. 10 % de moins, ce n'est pas grave, me direz-vous. Vous avez raison, c'est catastrophique ! Offrir un rabais, c'est bien, mais il ne doit pas amputer l'objectif de profit que vous vous êtes fixé, sinon comment atteindrez-vous votre chiffre d'affaires ?
Le tableau qui suit vous montre les conséquences d'une remise de 10, 20 ou 30 %, en termes de charge de travail si vous voulez maintenir vos objectifs de profit. Comme nous l'avons vu dans le précédent chapitre, il est conseillé de prévoir une marge de coûts de production de 20 % et un profit brut de 80 % permettant de couvrir toutes les autres charges (salaire, impôts, loyer, électricité, publicité, assurance, téléphone, Internet, etc.).

Remise accordée (en %)	Tirage photo (quantité)	Prix de vente unitaire (en €)	Total (en €)	Marge de profit (en %)	Marge de profit (en €)
	100	100	10 000	80	8 000
10 %	127	90	11 430	70	8 000
20 %	167	80	13 333	60	8 000
30 %	229	70	16 000	50	8 000

Comme le montre ce tableau, si vous vendez 100 tirages au prix unitaire de 100 € avec une marge de 80 %, vous réalisez un profit brut de 8 000 €.
En accordant une remise de 10 % au client, il vous faudra vendre 27 tirages supplémentaires si vous voulez atteindre le même montant de profit brut (8 000 €), car votre marge de profit ne sera plus de 80 %, mais seulement de 70 %.
Avec une remise de 20 %, c'est 67 tirages supplémentaires que vous devrez réaliser pour conserver votre profit brut, car votre marge de profit sera tombée à 60 %. Et ainsi de suite…
Accorder des remises n'a rien d'anodin, assurez-vous que le jeu en vaut la chandelle.

Pour vous aider à percevoir la vente d'un autre œil, voici une citation de Jeffrey Gitomer : « Nous ne vendons pas, nous aidons les gens à acheter », extraite du livre *The little red book of selling*. Perspective intéressante, n'est-ce pas ?

Le véritable rôle d'un vendeur est de présenter diverses options à l'acheteur en lui faisant valoir les avantages de chacune afin de faciliter son choix, sans pression. Il s'agit donc d'un accompagnement structuré et pas seulement d'une prise de commande. Si le client se sent bien dans le processus, il deviendra un client à vie ; celui qui n'hésitera pas à vous recommander à ses amis parce qu'il n'aura jamais ressenti de contrainte à acheter. Et ça, c'est précieux pour la croissance d'un studio.

Je préfère d'ailleurs de loin utiliser le terme de « conseiller » au lieu de « vendeur ».

Quel concept de vente adopter ?

Vous avez certainement expérimenté une vente sous pression (forcing) ; avez-vous apprécié ce moment ? Sûrement pas ! Ce n'est donc pas ce type de concept que vous allez adopter vis-à-vis de vos clients, nous sommes d'accord.

Et si je vous demandais de retourner dans un passé plus ou moins lointain, seriez-vous en mesure de citer une belle expérience d'achat (d'un produit ou d'un service) ? La manière dont le conseiller s'est occupé de vous, qu'il vous a guidé dans l'acte d'achat, n'a-t-elle pas contribué à vous mettre en confiance et à rendre l'expérience plaisante ?

Êtes-vous en mesure de faire une analyse de cette expérience et de lister les éléments qui ont participé à votre décision d'acheter, en particulier si vous aviez quelques réticences ?

Exercice

Je vous propose de réaliser ce petit exercice afin de mieux saisir mon idée d'analyse d'une expérience positive d'achat. Si vous n'en trouvez pas, c'est que vous ne cherchez pas assez. Faites cet effort !

Expérience d'achat positive	
Sujet	**Description de l'événement**
Étapes d'accompagnement	1.
	2.
	3.
Points positifs	1.
	2.
	3.
Résultats	1.
	2.

Selon moi, il y a donc deux types de ventes, celle dans laquelle on se sent pressé, dirigé avec intention de vous vendre coûte que coûte (ce que j'ai appelé le « forcing », plus haut), et celle qui vous rend serein dans votre achat, conscient que vous avez fait une bonne affaire. Pour moi, il s'agit de deux concepts, et non pas de stratégies, la stratégie étant mise en œuvre dans le but d'obtenir un résultat positif. Sachant cela, je pense que comme moi vous adopterez le second concept.

Accompagner le prospect pas à pas

Votre tâche est d'accompagner votre futur client dans un achat qui saura remplir ses besoins et lui apporter la valeur attendue. Dans un monde où l'argent est durement gagné, la satisfaction du client ne peut être négligée. Nous devons respecter cela.

Êtes-vous déjà allé chez McDonald's ? Oui, oui, la chaîne de restauration rapide. Avez-vous remarqué la manière avec laquelle vous avez été reçu et dirigé dans un processus d'achat ? Simple, n'est-ce pas ? Et efficace en plus ! Vous allez me dire qu'il s'agit de hamburgers et que la photographie, ce n'est pas pareil. Erreur ! Ici, ce n'est pas le produit qui compte, mais le processus : l'accompagnement dans l'achat.

Lorsque vous entrez chez McDo, demandez-vous le prix d'un hamburger ? Non ! Non seulement tous les prix sont affichés au mur, mais en plus l'employé prend tout de suite le contrôle de la conversation par un acte de bienvenu très simple, ne laissant pas place à vos interrogations. Nous avons beaucoup à apprendre des méthodes de ce type de franchise. Quelles sont ces étapes essentielles qui nous conduisent tout naturellement vers l'acte d'achat et que nous pouvons, nous aussi, adopter ?

À noter
Avez-vous remarqué l'ordre par lequel je procède ? Je ne commence pas par donner mes tarifs. À moins que vos services soient les moins chers de la région, vous ne sortirez jamais gagnant en commençant par répondre à : « C'est combien pour… ? »

1. L'accueil.
2. Le questionnement vers la qualification du besoin.
3. La transmission de l'information essentielle.
4. La description des choix offerts.
5. La divulgation des tarifs.
6. L'appel à l'action.

Décortiquons ce processus.

1. **L'accueil.** Étape cruciale qui donnera le ton à votre conversation. Vous devez rassurer et mettre votre prospect en confiance afin d'ôter les craintes qui animent souvent les gens qui viennent acheter un service inhabituel.

   Cet accueil peut être verbal, visuel et auditif :

   – verbal et visuel lorsqu'une personne pousse votre porte et pénètre dans votre studio ;
   – auditif lorsque vous répondez au téléphone ou que votre prospect entend le message de votre répondeur ; auditif et visuel lorsque l'on visionne la vidéo de votre site Internet ;
   – visuel lorsque le prospect lit l'information sur votre site et sur vos articles promotionnels.

Cas concret : l'accueil

Quel que soit le premier contact (verbal, visuel ou auditif), quelle est la première impression du prospect ?
Vous : « Bonjour, bienvenue chez nous.
Mme Leblanc : « J'aimerais savoir combien ça coûte pour une photographie de mon petit-fils ? »
Vous : « Certainement, Madame ... *[elle vous a donné son nom]*, permettez-moi avant cela de vous présenter ce que nous pouvons faire pour cet événement, car il s'agit d'un moment spécial dans sa vie, n'est-ce pas ? Pouvez-vous me donner quelques détails ? »
Vous aurez remarqué que je ne réponds pas immédiatement à la question du tarif. Puisque vos services sont créés sur mesure, alors il faut informer la cliente que vous allez créer quelque chose d'unique, que vous portez attention sur la relation qui est sur le point de naître avec cette dame et son petit-fils.
Si la cliente insiste pour obtenir un tarif : « Tout à fait, Madame Leblanc, je réalise que connaître les tarifs est important pour vous, et je le comprends. Puis-je toutefois vous demander quelques détails pour bien cerner votre besoin ? Je vous donnerai ensuite tous les tarifs et options afin que vous puissiez prendre une bonne décision et choisir la formule qui vous convient le mieux. Êtes-vous d'accord ? »
Normalement, la cliente va accéder à votre demande.

2. **Le questionnement vers la qualification.** Vous avez déjà lancé cette démarche avec votre accueil. Prenez le temps d'écouter, prenez des notes et vous pourrez ainsi engager Madame Leblanc dans un processus décisionnel qui place de l'importance dans ses besoins et qui, surtout, ajoute un degré de confiance.

Cas concret : du prospect au presque client

À ce stade, vous cherchez à obtenir des informations pour faire évoluer votre créativité pour ce projet. Vous voulez démontrer à cette dame que vous êtes vivement intéressé par sa demande et que vous êtes force de proposition.
Vous : « Vous savez Madame Leblanc, la grande majorité de nos clients ont une histoire à raconter. Notre travail est de vous garantir que les images créées répondront parfaitement à vos souhaits. Tenez, regardez cette image du petit Emmanuel… *[Vous êtes devant une image affichée au mur de votre galerie ; vous évoquez brièvement son histoire afin de démontrer que chacun de vos clients a son importance et que vous êtes soucieux de répondre à leurs attentes].* »
Je vous assure qu'en suivant cette démarche, votre taux de conversion explosera. Ensuite, vous passez aux questions sur ce que Madame Leblanc désire faire avec ces portraits.

3. **La transmission de l'information essentielle.** À cet instant, vous mettez en avant l'expérience que vous allez faire vivre aux personnes concernées. Votre travail ne consiste pas uniquement à appuyer sur le déclencheur :
   – comment se préparer pour le jour J ;
   – ce qui se passera durant la session ;
   – les étapes subséquentes (le visionnage et la sélection des images lors d'une présentation ; le choix parmi les options disponibles, les collections, la création d'albums exclusifs, des encadrements muraux, etc. ; la livraison).

   Parallèlement, il serait judicieux de pouvoir remettre au prospect une plaquette qui présente cette information. C'est ce support que vous donnerez à votre client suite à son engagement.

4. **La description des choix offerts.** Puisque nous ne vendons pas la photographie, mais bien ce qu'elle apporte aux gens, de quelle(s) façon(s) Madame Leblanc pourra-t-elle profiter de ses images ?
   – tirages à accrocher aux murs pour apporter une nouvelle chaleur à son foyer ;
   – album souvenir qui pourrait aussi être remis aux autres membres de la famille ;
   – images à partager avec ses amies sur Internet ;
   – etc.

   Votre travail est de faire des suggestions au-delà de ce que les gens s'imaginent. Vous leur donnez des moyens pour profiter encore plus de leur expérience. Il est clair que la grande majorité des gens ne sont pas au courant des diverses options disponibles, vous devez les en informer judicieusement.

5. **La divulgation des tarifs.** Vous saurez quand le moment sera venu d'aborder la question si importante des tarifs. Ne l'évitez pas plus longtemps.

À noter
Inutile de présenter vos tarifs au complet, cela sera source de confusion pour le prospect.

Cas concret : annoncer son prix

Sachez doser le volume d'information reçu et absorbé.
Vous : « J'imagine, Madame Leblanc, que vous aimeriez savoir quel sera votre investissement dans ce projet! »
C'est à cet instant que vous dévoilez les divers tarifs qui sont applicables à ce projet et ce que le client doit prévoir comme budget en moyenne. N'oubliez pas non plus de citer les facilités de paiement que vous pouvez accorder.
Une fois les tarifs divulgués, gardez le silence quelques instants afin de laisser votre prospect réfléchir à votre offre. Ne soyez pas le premier à poursuivre la conversation. Vous verrez, la réplique viendra plus rapidement que vous le croyez et vous serez en mesure d'y répondre.
Si le prospect soulève quelques objections, ce qui serait normal, répondez directement à ses remarques. N'éludez pas le problème ; un prospect tient à ses réponses et une attitude fuyante le rendra méfiant. Comme nous l'avons déjà vu, vous devriez avoir des réponses toutes prêtes pour chaque objection (voir pages 116 et 117).

6. **L'appel à l'action.** La prochaine étape est cruciale ; il s'agit de la prise de commande. Vous ne voulez pas donner l'impression de quémander du travail et êtes prêt à repousser cette phase de quelques jours (« réfléchissez et recontactez-moi dans quelques jours... »). Je vous rassure, solliciter un engagement immédiat de la part d'un client n'a rien à voir avec la mendicité. Vous faites un travail, un travail qui vous permet à vous et à votre famille de vivre, poser les bases d'un contrat est donc important et naturel par rapport à votre rôle de commerçant.

Cas concret : la prise de commande

Comment procéder sans avoir le sentiment de forcer le client ?
Vous : « Alors Madame Leblanc, voici les prochaines étapes. Nous prenons rendez-vous à la date qui vous convient, je vous remets un document qui décrit tous les préparatifs à faire pour profiter au maximum de cette expérience. Nous avons des disponibilités les... *[donner des choix d'heures et dates].* Quelle journée préférez-vous ?
Merci et maintenant afin de confirmer ce rendez-vous, il nous faudrait un acompte de XX €.
Comment désirez-vous acquitter ce montant ? Par carte bleue, chèque ou espèces ? »
Voilà, c'est fait. Vous venez de répondre à une demande selon le processus établi plus haut. Simple. Oui, mais cela nécessite une certaine discipline et surtout de la pratique.

Vous trouvez tout cela fastidieux ? Confiez ce travail à des experts.

Finaliser le processus de vente

Maintenant que vous avez un client, que vous avez bien préparé le terrain, il faut poursuivre votre accompagnement pour confirmer son bon choix.

Vous avez vendu le service de prise de vue ; tout s'est bien passé. Admettons que vous réalisiez des portraits, vous avez pris soin de planter la graine durant la session photo sur les possibilités d'utilisation de ces images. Vous avez eu la présence d'esprit de composer des images dans le but d'en faire de grands tirages, ou de réaliser un album, alors que peut-être le client n'envisageait que de petits tirages et de récupérer des fichiers sur DVD ?

Après tout, et j'ouvre une parenthèse importante ici, des images stockées et livrées sur un DVD ne rendront jamais leur plein potentiel d'émotions, de satisfaction et de retour sur investissement. Il y a exception pour les reportages commerciaux, industriels et éditoriaux qui n'ont pas les mêmes finalités, mais la photographie sociale doit, elle, être exposée d'une manière concrète. Et il faut éduquer le client à cet effet. C'est votre rôle ! Pouvez-vous imaginer dans 25 ou 50 ans les descendants de vos clients chercher en vain sur les DVD les images que vous aurez créées ? Le dicton le dit très bien : « Loin des yeux, loin du cœur... »

Plus de 80 % des images sur DVD n'apparaissent jamais sur une surface papier... Et pourtant, ne produit-on pas des images pour qu'elles soient vues, exposées ? Non seulement pour le plaisir du client, mais pour faire connaître notre signature, notre griffe visuelle également. Alors, ne sautez pas les étapes de création et de finition en livrant des produits non finis et qui portent peu de valeur visuelle. Après tout, c'est votre réputation qui est en jeu et votre signature créative qui vous distinguera de la concurrence.

À noter
Le client ne sait pas forcément ce qu'il veut vraiment, ni ce qu'il peut obtenir, c'est là que vos conseils de professionnel lui seront précieux. C'est là aussi que vous pouvez faire la différence avec vos confrères.

Vendre une prise de vue, c'est bien. Vendre les résultats de votre création pour exposition – les photos sont faites pour être vues ! –, c'est encore mieux. Ne laissez pas les clients dans l'ignorance de ce qui s'offre à eux. Leur connaissance des moyens modernes d'exploitation des photographies est souvent assez limitée. Il ne tient qu'à vous de leur présenter les nouvelles tendances dans votre studio, sur votre iPad, sur votre site Internet, dans vos plaquettes d'informations.

Une fois la session photo terminée, informez votre client sur les étapes à venir.

1. **Présentation des images.** À ce stade, le client découvre ses photos (c'est le premier visionnage !). Sous forme de diaporama, d'album ou par tout autre moyen, vous devez limiter la sélection d'images afin de

ne pas étirer le processus de choix indéfiniment. Ceci aura un impact important sur le plaisir de la découverte et du choix. Plus il y aura d'images, plus la prise de décision sera longue, plus le panier sera petit. C'est prouvé.
Encore une fois, accompagnez le client dans sa décision en proposant des options qui répondent à ses besoins – vous les connaissez de toute façon. Sans faire de forcing, il est possible de suggérer divers scénarios pour que ce client profite au maximum de ses images. Jouez votre rôle de conseiller.
Présentez les images, faites des suggestions, proposez plusieurs options, informez des tarifs et confirmez la commande, dans cet ordre.

Outil de présentation

Le logiciel ProSelect (www.timeexposure.com), dont nous avons déjà parlé (voir page 38), est un excellent outil aidant à la présentation et à la vente des images. Créé spécifiquement pour répondre aux besoins des photographes et de leurs clients, c'est la référence mondiale ; il est, pour moi, indispensable. L'investissement (version de base à 349 € et version pro à 609 €) est tout à fait minime comparé au potentiel offert de développement de vos ventes.
Imaginez en effet la possibilité de montrer au client comment ses images pourraient s'intégrer et prendre vie dans son intérieur, autrement qu'en étant posées sur un bureau, imprimées dans un album ou mises en fond d'écran de son ordinateur. Le logiciel permet en effet d'afficher grandeur nature, selon le format choisi, la meilleure image. La sélection peut aussi se faire par comparaison pour aider le client à faire son choix.

2. **Sélection sur place.** Une fois la présentation terminée, le client peut exprimer le souhait de faire son choix à la maison et vous demander une planche-contact ou un DVD à cet effet. Accéder à sa demande, c'est perdre tout contrôle sur le processus de vente et l'abandonner face à des choix difficiles. Il n'aura pas en mémoire tous les éléments pour prendre une décision éclairée, tandis que le tri et la sélection des images font partie de vos compétences.
   Dès la première rencontre, vous lui avez expliqué votre façon de montrer les images, et votre rôle d'accompagnement dans leur sélection, comme dans le choix des options de présentation. Rappelez-lui que votre prestation inclut cette aide.
   Si ces arguments n'ont pas suffi à le convaincre, dites-lui encore que, dans votre studio, il dispose de tous les éléments pour prendre une décision : les images, les options, les tarifs (et vos conseils !).

Choisir sur place : les avantages

Dans tous les cas, les avantages sont aussi nombreux pour lui que pour vous à ce que le choix soit effectué dans vos murs.
Pour le client :
- choix plus judicieux ;
- connaissance précise de l'investissement ;
- accès à l'information pertinente et dans de bonnes conditions ;
- visualisation réelle de toutes les options offertes ;
- rapidité d'exécution et de livraison ;
- satisfaction rapide.

Pour vous :
- rapidité d'exécution et de livraison ;
- contrôle de la production ;
- rapidité de paiement ;
- lien renforcé avec le client.

3. **Travail de finition.** Une fois les choix confirmés, assurez-vous de prendre en note toutes les modifications à apporter aux images afin de bien diriger les personnes chargées de la retouche. Rien n'est plus frustrant pour le client que de prendre livraison d'un produit mal fini. S'il fait appel à un spécialiste, c'est justement pour éviter ce genre de déception. Et que dire des soucis que cela vous causerait.
   Personnellement, je n'aime pas employer le mot « retouche », je lui préfère l'expression « amélioration des images », car c'est bien de cela qu'il s'agit, et aussi de la création d'une signature propre et unique. En portrait comme en mariage, les clients pourraient par ailleurs assez mal interpréter, comme une critique de leur apparence que vous retouchiez leurs images. Ils ne sont déjà pas toujours très à l'aise à l'idée de se faire photographier, n'ajoutez pas au supplice en leur disant qu'il faut faire des retouches !
   Que vous déléguiez ce travail d'amélioration ou que vous l'exécutiez vous-même, il est de mise qu'il soit respecté de la part du client. Ne réalisez jamais le post-traitement devant vos clients ; ceci banaliserait cette opération qui fait partie de votre signature, votre style.

À noter
N'abusez pas de ce genre de procédé en photographie commerciale (publicitaire).

4. **Livraison du produit fini.** Informez votre client sur le délai de livraison qui devra tenir compte d'une période de tolérance afin de ne pas être en retard dans votre échéancier. Promettez par exemple la livraison de vos portraits en 6 semaines et livrez en 4 semaines ; cela aura beaucoup d'impact sur la satisfaction du client.
   Proposez un rendez-vous à vos clients pour la livraison. Dévoilez-leur les images lors d'une courte rencontre ; cette initiative ajoutera beaucoup sur la perception de valeur et sur le retour de l'investissement.

Prenez soin de bien protéger le produit fini avec un matériel approprié. Les clients apprécieront les précautions que vous prendrez lors de l'emballage. Si possible, utilisez des emballages conçus spécifiquement pour vous, en matériaux recyclables prometteurs d'une belle durée de vie. Cela vous fera une jolie publicité. Voyez si vous pouvez faire réaliser sacs et/ou pochettes auprès d'entreprises locales ou régionales.

Vérifiez aussi auprès des associations professionnelles s'il est possible de négocier les prix si un nombre intéressant de photographes participent à l'achat d'un produit d'emballage.

Et la photographie commerciale ?

Le chapitre qui se termine concerne essentiellement la photographie sociale (portrait, mariage, boutique). Il ne faut pas en déduire que les choses se passent très différemment pour celles et ceux qui travaillent pour la publicité, la presse, l'architecture, l'industrie, etc. Le processus de questionnement quant à la commande passée est tout aussi important pour bien identifier la nature du projet. Il vous faut cerner le projet, le(s) besoin(s) du client et suggérer un concept si le client ne l'a pas déjà fait. Le processus d'accompagnement du client est similaire.

La méthode de présentation (et de validation !) peut en revanche différer, quoi que dans certains cas où des images présentent un potentiel de tirage grand format, ProSelect pourra vous être utile pour finaliser la vente et proposer aux clients des options auxquelles ils n'avaient pas pensé.

Ce qui est intéressant et qui confère à cette opération une importance capitale est la possibilité que ce client revienne souvent s'il perçoit, là encore, une valeur qu'il ne trouve pas ailleurs.

Le sujet de la vente est vaste et il y aurait encore beaucoup à en dire. Mon but est de vous donner des clés, mais je vous conseille d'approfondir les notions évoquées en consultant des livres spécialisés. Si vous en avez également la possibilité, suivez des stages en vente ; même s'ils sont parfois coûteux, leur enseignement vous sera utile tout au long de votre carrière et ils vous procureront un retour sur investissement rapide.

Marche à suivre

1. Concevez votre propre accompagnement à l'achat.
2. Si vous travaillez en équipe, formez vos collaborateurs sur ces différentes étapes.
3. Investissez dans votre formation en vente ou embauchez une personne compétente.
4. Concentrez vos efforts sur les tâches qui vous passionnent et pour lesquelles vous serez le plus efficace.

Savoir réagir face au client

8

En démocratisant la photographie, le numérique a changé la manière dont elle est perçue. Tout le monde peut aujourd'hui prétendre faire de belles images et s'improviser photographe. Alors qu'autrefois le photographe vendait une expertise à une clientèle qui reconnaissait son savoir-faire et la valeur de ses images ; actuellement, la plupart des gens estiment qu'ils pourraient faire aussi bien s'ils possédaient du matériel professionnel. Le photographe est vu comme un presse-bouton et doit au quotidien démontrer qu'il est bien plus que cela.

Se positionner à l'ère du numérique

- L'exigence de qualité qui prévalait encore dans les années 1980 a disparu au profit du phénomène du « c'est suffisant ! » qui conduit les gens à se satisfaire d'une image qu'ils auraient rejetée il y a 25 ans, parce qu'elle ne correspondait pas à ce qu'ils désiraient. Paradoxalement, le client se fera plus exigeant vis-à-vis des professionnels parce qu'il recherchera un plus haut niveau de professionnalisme que ce qu'il peut obtenir en faisant les images lui-même. De là, l'obligation de créer une différence très visible en qualité et en service client.
- Internet permet à des photographes de se promouvoir en proposant leurs services à des prix complètement dérisoires dans le but hypothétique de se bâtir une clientèle.
- L'image est banalisée et en produire est devenu un acte du quotidien pour le commun des mortels. Tout et n'importe quoi est désormais prétexte à la photo. 300 millions de photos apparaissent chaque jour sur les réseaux sociaux (Facebook seulement), sans tenir compte des conséquences de leur diffusion à grande échelle (situations embarrassantes, vol d'identité…) et du manque de limites rencontré (ces images sont indélébiles).

Source
thesocialskinny.com/216-social-media-and-internet-statistics-september-2012/

- Des concours – souvent payants… – inondent le Web invitant les participants (photographes amateurs ou professionnels) à partager leurs images – la plupart du temps gratuitement (!) – contre des promesses de publication. Ils ne sont en général qu'un prétexte pour bâtir des banques d'images à usage commercial sans qu'aucun droit d'auteur soit prévu pour rémunérer les créateurs des images.

Tout cela, vous le savez bien, a fragilisé l'image de la profession et explique en partie l'attitude et les remarques de certains prospects. Comme déjà évoqués, les clients ont besoin d'être informés, éduqués. Beaucoup ont une vision assez idyllique de notre métier, se demandant quand même si l'on peut en vivre, pensant sûrement que si les fins de mois sont un peu difficiles, c'est aussi un choix assumé…

Répondre, mais à quoi ?

La meilleure manière de répondre à un prospect ou à un client est d'anticiper ses questions et remarques. Celles qui reviennent le plus fréquemment, souvent même à l'occasion du premier contact, sont les suivantes :

- « Ça coûte combien ? »
- « Est-ce que je peux avoir toutes les images sur DVD ? »
- « J'aimerais bien pouvoir y réfléchir plus longtemps. »
- « C'est trop cher ! »
- « J'ai une amie qui a un bel appareil. »
- « Je n'ai pas de budget. »
- « J'ai vu que l'un de vos collègues pouvait le faire pour moins cher. »
- Etc.

Vous aurez noté que nombre de ces remarques se rapportent à l'argent. Ne soyez pas mal à l'aise avec cela, c'est normal. Le client paie pour un service, il est naturel qu'il souhaite s'assurer en avoir pour son argent. Gardez en tête que vous vendez de « l'invisible », vos clients n'ont aucune garantie de ce que vous allez leur donner et ceci explique en grande partie leur frilosité. Et puis, ce n'est pas tous les jours que l'on fait appel aux services d'un photographe… Vous devez éduquer vos prospects, leur montrer la valeur de ce qu'ils vont recevoir.

Est-ce que vous gagnez facilement votre vie ? Est-ce que votre argent vient facilement ? Non. Vous travaillez beaucoup pour finalement retirer un salaire raisonnable. L'argent est durement gagné de nos jours ; il faut respecter cela. Alors, ne soyez pas offusqué par les questions qui se rapportent à l'argent.

Comment vous préparer ?

Toute transaction donne lieu à un échange d'informations, et conduit quasi systématiquement à une « discussion » autour du prix et de la valeur du bien. Ne paniquez pas ! Ne croyez pas que les remarques qui vous sont faites constituent une attaque à l'encontre de vos talents ou de votre intégrité ; c'est une manière pour le prospect de vous demander des informations supplémentaires, comme s'il vous disait : « Vous n'avez pas encore réussi à me convaincre, alors poursuivez. »

La stratégie de vente la plus efficace consiste à répondre aux objections avant même qu'elles ne soient formulées, mais attention votre but n'est pas de noyer votre interlocuteur sous une masse d'informations, ni de lui imposer vos méthodes. Vous êtes dans une relation d'échange, l'écoute a sa place, du côté de votre client comme du vôtre.

Il m'est déjà arrivé de voir un photographe se lancer dans une longue rhétorique commerciale, dès l'instant qu'une personne était entrée dans son studio, une argumentation tellement soutenue que le pauvre prospect était dans la confusion la plus totale. La personne est finalement ressortie sans prendre de rendez-vous et sans vouloir en savoir plus. Le photographe de son côté était bien en peine de dire ce que cherchait ce client potentiel... Voici, selon moi, ce qui a constitué la plus grosse erreur de ce professionnel : le monologue déclamé. Il n'a pas pris le temps d'écouter cette personne qui, de son propre chef, a poussé la porte de son studio. Elle avait certainement une histoire à raconter, une raison pour oser franchir le seuil. Sa démarche était positive pour mon confrère ; quel dommage qu'elle n'ait pas eu le temps de lui exposer son projet, son besoin.

Savoir écouter

- Un photographe est un témoin de l'histoire du monde, et plus modestement de chaque individu. Vous devez être sensible à l'histoire de vos clients, et ce quelle que soit leur histoire. Il est aussi un contributeur à la croissance d'une multitude d'entreprises par l'entremise d'images publicitaires. Imaginez-vous un magazine dépourvu de photographies ?
- Un photographe a sa propre histoire qu'il doit partager pour établir une connexion avec ses clients. Souvent, ce photographe pourra trouver un point de vie en commun avec son client qui confirmera qu'il

comprend l'importance d'un projet photo (perte d'un être cher, vécu d'une même expérience, achat d'un certain produit ou service...).

Cette démarche requiert une écoute active, et plus particulièrement de savoir poser les bonnes questions qui feront ressortir la véritable raison pour laquelle ce prospect sollicite votre aide. Quelles sont ces questions ? Demandez-leur tout simplement ce qui motive leur venue en cette journée.

Vous : « Me permettez-vous de vous poser une question toute simple afin que je puisse vous présenter mes services, et en particulier celui qui saura répondre à votre attente ?
Pourquoi êtes-vous venu me voir ce matin ? Quel projet a motivé votre démarche ? »

Honnêtement, pensez-vous que votre client restera insensible à cette demande ? Non, se sentant important – votre accueil vous permet d'entamer le dialogue, de lui faire exprimer ses désirs et de lui montrer que vous allez positionner votre offre de services en fonction de ses besoins à lui –, il va alors préciser son idée. Il aura non seulement l'impression d'être écouté, mais sera aussi confiant dans le fait que vous portez attention à sa demande.

Le client qui vous contacte parce qu'il sait que vous avez besoin d'argent est extrêmement rare. Pour ma part, je n'en ai jamais croisé. Et vous ? Bref, le client n'est pas là pour vous aider à vivre mieux, mais pour que vous répondiez à sa demande, ce sont donc des réponses et une satisfaction qu'il attend.

8 principes pour traiter les objections

1. **Anticipez-les !** C'est le plus important. Vous les connaissez, ce n'est donc pas compliqué. Rappelez-vous que vous devez toujours amorcer la conversation afin de déterminer la raison pour laquelle le prospect a besoin de vos services. Et si le prospect vous prend de court et essaie d'engager la discussion sur la question du tarif, vous devez en reprendre le contrôle, non pas pour fuir la réponse que vous finirez bien par lui donner (au moment que vous estimerez le plus favorable), mais pour le diriger dans sa quête d'informations.

Cas concret

Vous : « Mme Untel, une des questions les plus fréquentes posées par nos futurs clients est la demande de notre carte de tarifs... » *[Formulez l'objection anticipée]*. Ceci vous permet de donner la réponse avant que la question ne vienne de la cliente. Celle-ci réalisera que vous n'avez rien à cacher et que vous êtes honnête.

2. **Ne lâchez pas trop vite :** un des défauts les plus communs est d'assimiler une réaction négative à un refus ferme et définitif. 75 % des vendeurs abandonnent suite à un premier « non ». Sans faire de forcing, nous sommes d'accord sur ce point, vous devez considérer cette objection comme une demande supplémentaire d'information. Allez chercher au moins 3 « non » avant de lâcher prise.

3. **Laissez votre ego hors du bureau.** Tout artiste possède un ego, qui peut devenir son pire ennemi si non contrôlé. Ne vous laissez pas guider par votre humeur (inquiétude, nervosité, énervement, pouvant aller jusqu'à la colère face aux questionnements d'un prospect un peu trop curieux à votre goût), vous risqueriez de perdre cette négociation. Soyez professionnel. Encore une fois, la meilleure manière d'éviter les soucis est de préparer vos réponses et d'anticiper les interrogations de tout nouveau client. Mettez-vous un peu à sa place. La photographie professionnelle, c'est la grande inconnue pour lui !

4. **Faites preuve d'empathie.** Démontrez votre compréhension envers le prospect et ses appréhensions.

Cas concret

Vous : « Je comprends bien votre situation. Je sais que le budget est un souci important. Voici d'ailleurs ce que je peux vous proposer... »
C'est à ce moment que vous présentez vos facilités de paiement ou que vous faites des propositions pour modifier leur demande et alléger certains coûts.

5. **Soyez patient.** Le temps et les émotions sont des facteurs de pression, ne concédez donc pas trop rapidement, car vous risquez de perdre gros. Ralentissez le processus si vous sentez que le client veut aller trop vite également. Il vous sera reconnaissant de lui laisser le temps de la réflexion.

6. **Le client vous fait passer un test.** Pour certains, la négociation est un véritable jeu. Ne vous laissez pas prendre au piège. Souvent, il s'agit d'une manière pour cette personne de confirmer sa décision d'acheter ou non et d'affirmer sa position de commanditaire. Après tout, c'est son argent qui est en question.

7. **Atténuez les inquiétudes.** C'est une manière de montrer que vous comprenez, que vous avez de l'empathie.
   – « Je comprends bien vos soucis... »
   – « Je vous entends bien... »
   – « L'argent est, en effet, une chose à considérer... »

> **Cas concret**
>
> Le client : « C'est plus cher que ce que nous avions envisagé !
> Vous : Combien aviez-vous prévu au juste ? »

8. **Reportez l'objection.** Attention, cela ne signifie pas que vous ne voulez pas y répondre, mais que vous le ferez lorsque le prospect aura toutes les informations nécessaires pour juger au mieux de la valeur de votre offre, autrement dit qu'il aura toutes les cartes en main pour l'accepter ou la refuser.

> **Cas concret**
>
> Vous : « Si vous me permettez, avant que nous discutions du tarif, j'aimerais vous présenter mes services dans les grandes lignes et mes disponibilités afin de savoir si tout cela répond à vos besoins. Nous parlerons des tarifs dans quelques minutes. Est-ce que cela vous convient ? »

Que répondre et comment répondre ?

Clarifier l'objection, par une formule du type « Pouvez-vous préciser votre pensée, s'il vous plaît ? » ou bien encore « Lorsque vous dites que nos tarifs sont plus élevés, qu'entendez-vous par là ? », est un préalable indispensable afin de s'assurer qu'il s'agit bien d'une objection justifiée.

Certaines affirmations peuvent en effet cacher d'autres raisons que celle qui est exprimée de manière à ne pas prendre de décision hâtive. Assurez-vous de ce que le prospect a réellement en tête ; demandez-lui par exemple « Est-ce que le tarif est le seul frein à la commande ? », ou bien encore « Et si nous résolvions ce souci, seriez-vous prêt à ce que nous travaillions ensemble ? » Attention, ces questions ne veulent pas nécessairement dire que vous êtes prêt à réduire vos tarifs (si votre client obtient tout de suite de vous que vous baissiez votre prix, votre image va en prendre un coup !). Vous cherchez tout simplement à évaluer le poids de cette objection et à voir s'il n'y a pas autre chose qui bloque la décision sans appel.

À noter
Réduire un coût signifie diminuer l'impact financier nécessaire à produire un service, un objet. C'est bien différent de réduire un tarif qui crée un manque de rentabilité chez le vendeur.

Mesurez l'objection :

- **tarif :** objection basée sur le prix, son incompréhension, le choc initial, manque de budget ou d'argent ;
- **coût :** recherche de réduction de coûts ou une plus grande efficacité (commercial) ;

- **valeur :** le client ne perçoit pas encore la valeur de votre service par rapport à ce que propose la concurrence ;
- **jeu :** le client joue avec vous afin de réduire le tarif et d'affirmer sa position de commanditaire ;
- **procédure :** l'acheteur se doit de réduire ses coûts.

Décidez comment vous allez répondre ; demandez-vous :

- est-ce qu'il y a urgence à conclure la vente ?
- si vous accordez un rabais à ce prospect, quelles en seront les conséquences à long terme ?
- si vous accordez un rabais à ce prospect, qu'aurez-vous en échange ?
- à part une remise, que pouvez-vous offrir pour ajouter de la valeur ?

Répondez :

- **tarif :** si l'objection de l'acheteur est bien liée à un problème financier, suggérez-lui des manières de générer des fonds. Il pourrait solliciter un partage du budget avec une autre personne, une autre division de son entreprise qui pourrait aussi profiter de vos services. S'il s'agit d'un manque d'information, autrement dit d'une méconnaissance de la valeur marchande, éduquez le client ;
- **coût :** démontrez comment le client peut maximiser sa rentabilité avec votre solution. En investissant dans vos services, ce client pourrait économiser sur une stratégie employée qui ne rapporte pas autant. Ceci s'applique particulièrement bien en photographie publicitaire, industrielle, etc. ;
- **valeur :** insistez sur la valeur des images que vous réalisez par rapport à ce que peut faire la concurrence ;
- **jeu :** acceptez que le client vous teste en quelque sorte et agissez en conséquence ;
- **procédure :** faites partie du processus de décision pour en tirer des avantages spécifiques. Proposez au client de vous inviter lors des réunions de planification sur les projets qui pourraient nécessiter vos services. Vous seriez donc en mesure de l'aider à cibler la meilleure option tout en confirmant votre statut d'expert.

Prendre du recul

À chaque fois que vous terminez un entretien avec un prospect ou un client, que vous ayez réussi ou non à conclure votre vente, analysez la conversation, ses points forts et les améliorations à apporter. C'est de cette manière que vous allez progresser et construire peu à peu votre arsenal de réponses logiques et précises qui vous aideront à transformer plus rapidement vos prospects en clients.

Si vous travaillez en équipe, il est de votre responsabilité de bien former vos collaborateurs, même si ces personnes ont de l'expérience. Chaque entreprise, même dans un secteur similaire, a sa propre culture et son propre mode de fonctionnement. Vous et vos salariés devriez être ouverts à la formation continue ; c'est ce qui fera la différence dans la progression de vos ventes.

Un cahier de réponses

Tantôt appelé « cahier de réponses », tantôt appelé « livre de procédures », ce document recense les questions et réponses éprouvées sur le terrain, au quotidien. Dans les faits, vous allez rencontrer les mêmes questions et objections ; en les rassemblant dans cet ouvrage, vous allez pouvoir retravailler et affiner les réponses afin de les rendre plus « fluides ».
Les avantages de ce document sont nombreux :

- il constitue un livre de référence pour les salariés, anciens et nouveaux ;
- c'est une manière d'engager chaque personne dans une sorte de formation continue ;
- il offre une formation simplifiée ;
- il permet de gagner en confiance pour gérer les défis de la vente ;
- il permet de voir se concrétiser l'augmentation de ses ventes et des commissions sur vente.

Conseils pour conclure une vente

Après avoir établi des liens et une crédibilité, avoir donné toute l'information pertinente concernant le projet, la prochaine compétence à développer dans le processus de vente est de savoir conclure la vente, autrement dit de demander et d'obtenir une commande.

- Concluez toujours d'une manière positive et énergique, avec un ton amical.
- Si votre client est emballé par votre travail et se montre pressé de signer rapidement, faites-le. Inutile de repousser la prise de décision.

- Chaque élément d'entente vous rapproche d'une décision d'achat favorable.
- Posez des questions auxquelles le client peut répondre par « oui ». Ne le mettez pas en situation de vous dire « non ».

J'insiste sur l'importance d'une bonne préparation. C'est ce qui fera la différence entre vous et vos concurrents. Peut-être êtes-vous dans la même industrie, mais vous ne suivez pas le même modèle d'affaires. Soyez professionnel autant dans les affaires que dans votre technique photo.

Conseil
Personnellement, je crois dur comme fer que la seule façon de changer de vie est de prendre une véritable décision. ***Qui a piqué mon fromage*** de Spencer Johnson (Michel Lafon, 2000) vous fera réfléchir sur la nécessité d'évoluer selon les changements que la vie nous apporte. L'histoire d'une petite souris qui sait décider. Un classique !

Marche à suivre

1. Tout comme dans les autres étapes de la vente, préparez vos questions/réponses.
2. Sachez écouter encore une fois.
3. Complétez votre livre des procédures à la suite de chaque vente jusqu'au moment où vous aurez trouvé les réponses les plus efficaces.
4. Formez-vous et votre personnel régulièrement.

Gérer la question du paiement

« Chèque ou carte bleue ? » La question est simple, plutôt anodine, et pourtant, voilà une façon de conclure une vente. Demander au client de s'engager plus loin dans le processus, autrement dit en payant, est souvent une phase très délicate pour bon nombre de photographes.

Une fois que vous avez transmis au client toutes les informations qui lui sont nécessaires, que vous lui avez bien expliqué ce que vous alliez mettre en place pour que votre offre réponde à sa demande, vous devez passer au créneau supérieur. Le client sait que vous allez finir par lui parler argent ; il attend donc que vous abordiez le sujet (s'il n'a pas déjà pris les devants).

Si vous avez suivi les divers échelons d'une bonne présentation, cette demande sera facile. Même avec un minimum d'expérience, vous devriez être en mesure de savoir quel est le moment le plus opportun pour en parler.

Lors de votre prochain achat d'un service important (assurances, forfait vacances, services financiers, etc.) ou d'un équipement coûteux (voiture, ordinateur, instrument de musique, appareil photo, etc.), analysez la manière avec laquelle le vendeur aborde la finalisation de la vente. Si vous traitez avec un véritable professionnel, l'enseignement devrait être intéressant.

Percevoir les signaux d'achat

Au cours de votre échange, considérez chaque réponse accueillie favorablement par le prospect, comme un réel intérêt de sa part, sinon il tournerait les talons et vous laisserait choir sur place. Alors, ne croyez pas que ses interrogations sont un signe d'objection. Répondez-y avec confiance. Vous connaissez la valeur de votre proposition : foncez !

Faites aussi attention à l'attitude de votre prospect. Il s'agit de petits comportements évidents pour qui prête attention à l'autre – ce doit être votre cas –, et qui va vous confirmer l'intérêt de votre prospect :

- il pose des questions avec plus d'attention et nourrit l'échange ;
- il avance sur le bout de sa chaise, ce qui indique un intérêt plus marqué ;
- sa respiration change et s'apaise ; son ton est plus détendu ; il sourit ; son stress diminue.

Anecdote

J'accompagnais un de mes clients dans une négociation. La présentation, bien préparée, fut livrée sans accroche ; mon client, absorbé par sa prestation, n'a pas décelé le signal d'achat de son prospect.
C'est à cet instant que je suis intervenu en posant cette question : « M. Lebrun, j'imagine que vous aimeriez savoir quelle est la prochaine étape ? J'ai ici une entente qui couvre 3 points très simples et qui nous permettrait de lancer le projet. Mon président y a déjà apposé sa signature. »
Je lui ai présenté le document, qu'il a lu et signé. Marché conclu !

Dès l'instant que vous percevez certains signaux, il est temps pour vous de :

- résumer la situation ;
- revoir les solutions qui sont proposées pour vous assurer de ne rien oublier ;
- ressortir les points gagnants pour le client.

Voici une méthode d'approche : « M Lebrun, si vous n'avez pas d'autre question, voici les étapes que je vous propose pour avancer. »

Énumérez-les et demandez : « Que pensez-vous de cette proposition ? »

Rassurer sur les risques

Ce qui peut empêcher un prospect d'aller plus loin, c'est sa perception du risque face à votre offre. Dans votre présentation de base, il est essentiel de tenir compte des risques probables qu'il peut imaginer et de le rassurer quant à ses craintes.

Une question bien simple : « Quels sont les risques qui pourraient vous empêcher d'aller plus loin dans ce projet ? » fera ressortir toutes les objections qui peuvent exister. Vous serez donc en mesure d'y répondre correctement, d'apaiser ses inquiétudes et de le mettre en confiance.

L'utilisation de témoignages de clients satisfaits est alors un excellent moyen pour rassurer des prospects hésitant à sauter le pas. Fort d'une bonne réputation de service exceptionnel, il vous sera facile de recueillir des avis positifs auprès de vos clients. Rassemblez-les dans un album et sortez ce livre d'or au moment opportun ; lorsque le prospect est en pleine réflexion. « Cet album recueille les témoignages de clients qui comme vous ont fait appel à nos services. Voulez-vous y jeter un coup d'œil rapide ? Vous y reconnaitrez probablement des gens que vous connaissez. »

Changer de vocabulaire

En photographie, lorsque l'on aborde les aspects commerciaux, certains termes sont mal perçus par les clients, c'est pourquoi je vous recommande d'employer les synonymes suivants dans le cadre de négociations.

Ne parlez pas :

- de « coût », ni de « tarif », mais plutôt d'« investissement » ;
- de « contrat », mais plutôt d'« entente » ;
- de « signature », mais plutôt d'« approbation », d'« acceptation », d'« accord » ;
- de « magasin photo », mais plutôt de « studio », de « galerie ».

Ne vous présentez pas non plus uniquement comme un « photographe », mais aussi comme un « créateur d'images », un « artiste visuel ».

Non seulement, ce vocabulaire repositionne le client dans le processus d'achat d'un besoin, d'une satisfaction de sa demande et d'une collaboration mutuelle, mais il remet aussi l'accent sur la valeur de votre travail, de votre prestation de professionnel.

Le silence est d'or

Il arrive souvent que vous soyez tellement engagé dans votre présentation que vous oubliez de laisser la place à votre interlocuteur pour qu'il puisse poser des questions. Il est impératif que vous aménagiez des moments de silence durant la conversation afin de lui laisser le temps de réfléchir et de réagir surtout après la divulgation de vos tarifs.

Vous serez peut-être un peu mal à l'aise au début, mais le client sera reconnaissant que vous le laissiez s'exprimer.

« Vous me suivez ? » Voilà une petite question qui en dit long sur le degré d'attention et de compréhension du prospect. Vous ne voulez surtout pas noyer cette personne avec des données techniques compliquées en espérant démontrer votre grande compétence. Cette démarche aura l'effet contraire, croyez-moi.

Marche à suivre

Bien conclure une vente (achat) est relativement simple si vous suivez, là aussi, une séquence de présentation bien montée. Je pense que vous décelez, à ce niveau de lecture, l'importance d'une bonne préparation avant même de vous lancer dans l'arène. Mettez toutes les chances de réussite de votre côté.

1. Sachez voir les signaux qui indiquent qu'il est temps de finaliser votre vente.
2. Résumez alors la situation et l'offre de façon à ce que tout soit clair de part et d'autre.
3. Faites votre demande.
4. Gardez le silence pour accorder un instant de réflexion à votre client.
5. Ayez confiance en vos qualités de conseiller.

Créer l'effet « waouh ! »

Citation
« Les meilleures et les plus belles choses du monde ne peuvent être vues ou même touchées. Elles doivent être ressenties par le cœur. »
Helen Keller

Les consommateurs et clients d'aujourd'hui sont à la recherche des meilleurs produits, des meilleurs services. Offrir de « bons services » ou même « d'excellents services » n'est peut-être plus suffisant pour créer la loyauté. Pour fidéliser vos clients, vous devez vous concentrer sur « l'établissement de relations » et sur l'apport de résultats qui « surpassent leurs attentes ».

Mesurer la satisfaction

Je demande régulièrement à mes confrères : « Tes clients sont-ils satisfaits ?

- Certainement !

- Prouve-le-moi !

- Que veux-tu dire, André ?

- Comment évalues-tu ce sentiment de reconnaissance ? »

C'est « Waouh ! » qui me vient alors à l'esprit, une onomatopée qui représente un niveau d'appréciation immédiat.

Est-ce que vos clients le disent constamment ou au moins régulièrement ? Si oui, bravo. Sinon, il y a un souci à régler.

Attitude et attentes du consommateur

De nos jours, les consommateurs sont :

- plus informés et plus instruits ;
- perdus au vu des écarts de tarifs proposés et devant la multiplicité des offres disponibles sur le marché ;
- sollicités par une plus grande concurrence ;
- plus exigeants, plus difficiles à satisfaire ;
- ils pardonnent moins facilement ;
- et surtout ils sont moins fidèles.

Sachant cela, quelle doit être votre réaction ? L'expérience prouve que si vous traitez vos clients aux petits oignons et êtes juste envers eux, ils vous récompenseront en faisant affaire avec vous pour les années à venir. Mais il ne faut pas fléchir ; le relationnel établi s'entretient et il est primordial de constamment les surprendre.

N'hésitez pas à interroger vos clients sur leur degré de satisfaction quant à vos services et à votre mode de fonctionnement, et sur ce qui peut être un motif de frustration. Le plus petit détail compte y compris le fait de les accueillir en leur proposant ou non un café. Vous êtes une entreprise de services, ne l'oubliez pas.

Vous remettre en question

Commencez par vous interroger sur vos pratiques habituelles :

1. Votre service est-il vraiment bon ?

2. Est-ce que la qualité de votre service est constante ?
3. Entendez-vous des compliments régulièrement ?
4. Que faites-vous que votre concurrence ne fait pas ?
5. Tenez-vous compte des critiques qui vous sont formulées ou est-ce que vous les ignorez ?
6. Vous défendez-vous lorsqu'un client se plaint ?
7. Sollicitez-vous des témoignages de chaque client et comment les utilisez-vous ?
8. Vous empressez-vous de régler les problèmes qui surviennent ?

De plus, il faut comprendre les consommateurs, leurs appréhensions, leurs peurs, ce qui les fait réagir. Cette compréhension vient, vous le devinerez, avec une bonne préparation. L'écoute active est essentielle autant dans leurs demandes que dans la résolution de conflits, car conflits, il y aura. Vous traitez avec des gens et vous allez en rencontrer de toutes sortes, les tensions seront inévitables. Réduisez le risque qu'elles se produisent en étant hyper conscient de chaque étape de votre service.

Vous devez aussi vous responsabiliser face à toutes vos actions et être fidèle à vos engagements. Il ne faut jamais oublier que lorsque vous perdez un client, vos ventes déclinent, votre salaire aussi.

7 ingrédients pour fidéliser vos clients

1. Adaptez vos services aux besoins et attentes de vos clients en suivant et même en anticipant les nouvelles tendances en photographie.
2. Entourez-vous de collaborateurs efficaces et motivés. Des employés heureux font des clients heureux. Votre personnel est votre lien direct.
3. Encouragez vos employés à faire preuve d'initiative afin de satisfaire les clients. Ils font partie de la solution et seront fiers de constater votre ouverture d'esprit et votre confiance. Tout le monde aime être reconnu pour sa contribution.
4. Posez les bonnes questions et prenez le temps d'écouter attentivement. La connaissance et le développement personnel sont les clés du succès de votre stratégie de vente.
5. « Merci » et « s'il vous plaît » sont des mots magiques. Souvent pris pour acquis, ils ont un rôle important sur l'humeur des gens.

6. Créez une garantie de satisfaction totale et faites-en un argument de promotion. Diffusez l'information. N'ayez pas peur d'offrir une telle garantie ; si vous remplissez votre mandat correctement, vous n'aurez jamais de réclamation. Si vous êtes effrayé à la pensée d'un tel engagement, c'est que vous avez des doutes sur la qualité de votre offre et de votre prestation. Or, c'est du doute que naît la peur...

7. Surpassez les attentes de vos clients. Montrez-leur que vous vous souciez vraiment de leur bien-être. Dites-leur ce que vous pouvez faire au lieu d'énumérer les choses qui ne sont pas possibles.

À ne pas oublier

- Chaque client contribue à votre salaire, à nourrir votre famille.
- Vous devez avoir une attitude positive face au commerce, à votre métier, et l'importance que vous accordez à entretenir de bons contacts avec les gens influencera la qualité de votre service.
- La loyauté de votre clientèle est encore plus importante que sa satisfaction, mais l'une ne vient pas sans l'autre.
- La satisfaction est un sentiment qui, s'il est élevé, contribuera à votre succès.
- Un prospect qui vous contacte a un besoin ; il veut de l'aide.

Quels bénéfices retirerez-vous de la satisfaction de vos clients ?

- Une plus grande rentabilité grâce à la fidélisation de votre clientèle.
- Des économies réelles en termes de publicité.
- Les recommandations de la part de vos clients deviendront vos outils publicitaires les plus performants.
- Vos clients fidèles vous recommanderont à leur famille, à leurs connaissances, bref à leur réseau.
- Que dire de la valeur de revente de votre entreprise.

Toute activité devrait apporter des résultats positifs. C'est de cette manière que votre studio affichera une croissance attendue et que vous conserverez votre motivation.

Clients insatisfaits ? Réglez le souci immédiatement

Un client qui émet une plainte requiert votre attention immédiate. Les réactions sont souvent vives quand un client trouve que les photographies ne sont pas à la hauteur de ses attentes. Soyez à l'écoute, encore plus que d'habitude.

Décrochez le téléphone ou recevez-le, mais ne le laissez pas en stand-by. Laissez-le s'exprimer sur sa déception et son mécontentement. Recevez-le à l'écart des autres clients et écoutez attentivement ses remarques. N'argumentez pas : essayez de trouver une solution logique. Mettez-vous à sa place. En quoi consisterait pour lui une solution idéale ?

« Je comprends votre sensation. Si j'étais à votre place, je serais aussi déçu. Soyez assuré que je tiens à régler cette situation. Pouvez-vous me donner quelques détails sur votre insatisfaction ? »

Réglez le problème maintenant ! N'attendez pas. Le client aura au moins cette satisfaction-là.

Quelle récompense lorsqu'un client exprime sa satisfaction en étant loyal ! Votre motivation est à son plus haut niveau, n'est-ce pas ? Ce sentiment, vous aimeriez le ressentir chaque jour. Il ne tient qu'à vous qu'il dure.

Cela demande un suivi constant et un apprentissage à toute heure. Observez comment procèdent les commerçants avec lesquels vous traitez régulièrement ou occasionnellement. Maintenant que vous êtes sensibilisés à cette stratégie, je sais que vous serez plus vigilant dans votre démarche commerciale.

Votre attitude déterminera le degré de succès obtenu.

Marche à suivre

1. Si vous travaillez en équipe, assurez-vous que plus d'une personne parmi vos collaborateurs possède l'autorité pour au moins écouter les plaintes, afin d'empêcher que le client ne se sente pas écouté, qu'il s'imagine que la personne devant lui ne veut qu'éviter de lui parler et essaye de gagner du temps pour trouver une solution.
2. Réservez du temps pour traiter le problème.
3. Établissez les faits.
4. Définissez le problème.
5. Proposez des alternatives.
6. Choisissez la solution acceptée.
7. Exécutez la solution.
8. Faites un suivi.
9. Utilisez les mots magiques « Nous sommes désolés, nous nous excusons ».
10. Offrez une compensation raisonnable sur un futur travail sous forme de gratuité de produit, de service supplémentaire.

Utiliser le marketing pour se développer et durer

Maintenant, vous savez que le marketing est beaucoup plus qu'une simple initiative promotionnelle. Pour que votre studio roule bien, vous aurez à intégrer plusieurs stratégies décrites dans ce livre, qui garantiront une croissance soutenue de votre entreprise. Tout cela peut paraître fastidieux. Dans cet ouvrage, je vous ai donné des pistes globales, mais il va falloir personnaliser votre plan d'action, celui qui vous permettra de construire, selon votre vision, l'entreprise souhaitée.

Selon moi, la réussite d'une entreprise est le fruit des efforts combinés de personnes de talents complémentaires. Rares sont les individus qui sont en mesure de tout faire seuls et de bien réussir. Un jour ou l'autre, il faut savoir déléguer et s'associer à des personnes dotées de compétences que l'on ne possède pas si l'on veut pouvoir développer pleinement son activité.

Votre point de départ

Que vous soyez photographe débutant ou en affaires depuis des années, je vous propose de prendre quelques jours de réflexion afin de bien resituer votre vision. Cette analyse est nécessaire ; elle vous permettra de cibler les points d'amélioration à apporter. Pas le temps de vous arrêter ? Tenteriez-vous de réparer un moteur encore en marche ? Impossible, nous sommes d'accord ; il en est de même pour votre activité !

J'ai dû faire cet exercice à trois reprises durant ma carrière. Ce bilan était indispensable pour m'aider à déterminer la direction à prendre. Allez-vous poursuivre votre activité comme avant ou, si vous êtes débutant, allez-vous prendre des détours en espérant avoir pris le bon chemin ? Pour moi, les détours sont une perte de temps, et une perte d'argent. Prenez plutôt le temps de la réflexion, et agissez en conséquence.

Évaluez votre situation actuelle. Est-elle satisfaisante ? Si ce n'est pas le cas, qu'est-ce que vous aimeriez améliorer :

- chiffre d'affaires ;
- réputation du studio ;
- style de photographie, d'éclairage ;
- produits en général (élévation de gamme) ;
- équipe ;
- valeur globale de l'entreprise ;
- look global du studio.

Augmenter votre chiffre d'affaires

Premièrement, regardez ce qui rapporte de l'argent à votre studio en calculant bien la rentabilité des différentes catégories de vente. Nul doute que vous exécutez différentes tâches au quotidien et je suis persuadé que certaines d'entre elles contribuent très peu à votre rentabilité. Vous devez les identifier et vous poser les questions suivantes :

- Pourquoi est-ce que vous continuez à faire ce travail ?
- Si vous êtes passionné par ces tâches, comment pouvez-vous augmenter le seuil de rentabilité ?
- Si ce type de travail vous pèse, avez-vous le courage de le laisser tomber au profit d'activités plus rémunératrices ? Vous allez ainsi gagner du temps à consacrer au développement de nouveaux produits ou services.

Ensuite, faites une analyse de vos ventes de l'année précédente pour connaître l'impact de chaque catégorie sur le chiffre global. Là encore, vous allez découvrir de belles choses qui vous porteront à redessiner l'avenir de votre entreprise en éliminant les catégories de ventes qui n'atteignent pas vos objectifs de profits. Souvent, il arrive que ces activités soient celles qui vous prennent le plus de temps.

En connaissant le nombre de sessions photo dans chaque catégorie, et les coûts réels pour les produire, vous aurez une bonne idée de leur niveau de profit. Analysez aussi le temps moyen nécessaire pour exécuter ce type de travail. Vous pouvez rassembler les données dans un tableau Excel ou tout autre tableur afin de bien mesurer le niveau de rentabilité de chacune.

À ce stade, vous êtes en mesure de prendre une série de décisions ; vous devez le faire. Concentrez alors vos efforts à développer des produits qui seront rentables et vous apporteront satisfaction.

Améliorer la réputation de votre studio

Ici, je m'adresse à des photographes installés depuis quelques années. Pourquoi croyez-vous que votre réputation nécessite une amélioration ? Qualité des images, du service client, de l'image corporative véhiculée, personnalité du patron ou des employés... Qu'est-ce qui selon vous ne fonctionne pas ? Votre analyse doit être parfaitement objective.

Fort du fruit de vos observations, consultez des collègues, des spécialistes en création d'images de marque pour bénéficier de leurs conseils, et si nécessaire faites appel à un graphiste qui vous aidera à trouver une nouvelle image d'entreprise.

Pour le débutant, consultez le chapitre sur la création de l'image de marque (voir page 52).

Revoir votre style de photographie, d'éclairage

Pour évaluer votre côté technique du métier, il serait bien de consulter des collègues qui désirent vraiment vous aider. À moins d'entretenir une relation exceptionnellement bonne avec ceux-ci, évitez bien sûr de solliciter des collègues de votre région.

Les associations professionnelles (GNPP et UPP) sont idéales à cette fin, vous y formerez de belles amitiés et rencontrerez des gens hyper généreux dans la transmission de leur savoir.

Il vous sera peut-être nécessaire de suivre des formations pour améliorer certains aspects que vous maîtrisez mal. Informez-vous auprès des organismes qui dispensent de tels stages. L'AFMI, par exemple, propose un grand nombre d'ateliers, et ce sur des thématiques variées (www.afmi.fr).

Côté style, déterminez ce qui vous plaît. Visitez des expositions, regardez des images sur Internet ou dans des livres, et essayez d'affiner votre goût et de définir ce qui constituera votre touche. N'hésitez pas à échanger avec des photographes dont la sensibilité se rapproche de ce que vous souhaiteriez faire, non pas dans l'idée de copier évidemment, mais pour solliciter des conseils et trouver votre propre personnalité.

Améliorer vos produits en général (monter en gamme)

Il est fort probable que si vous changez de style photographique, les produits déjà offerts devront être modifiés également. Dans ce cas, les foires commerciales sont parfaites pour dénicher de nouveaux produits à proposer. Avant de vous lancer la tête la première, regardez ce que vos collègues locaux offrent à leur clientèle et assurez-vous de proposer une gamme de produits différente, qui s'élève au-dessus de la masse.

Travailler en équipe

Je vous assure que si vous cherchez à tout faire seul, la vie sera plus compliquée. Ce métier demande un amalgame de différents talents pour mener au succès. Je suis un homme d'équipe et je crois en la force de l'effort commun. En revanche, j'insiste sur la composition d'une équipe solide constituée de talents complémentaires. Choisissez bien vos collaborateurs. J'ai fait des erreurs avec mes 2 premiers associés, mais cela ne m'a pas empêché de poursuivre ma carrière avec un partenaire qui possédait de grandes valeurs. Nous avons mutuellement contribué à monter un studio de grande envergure, c'était notre but commun. Fort de mes erreurs, je savais quelles qualités rechercher et comment évaluer le potentiel de ce nouvel associé.

Si l'un de vos collaborateurs pose problème, mesurez ce qu'il vous en coûtera de continuer à travailler avec cette personne plutôt que de l'aider à trouver sa voie.

Développer la valeur globale de votre entreprise

Dès les premiers mois de lancement de mon studio, j'entrevoyais la possibilité de le vendre un jour, ce qui s'est produit 25 années plus tard. C'est cette vision qui m'a poussé à exploiter toutes les ressources nécessaires pour bâtir une entreprise avec une vraie valeur de revente. Pensez-y, car cela pourrait vous être précieux à l'heure de la retraite.

Corriger le look global de votre entreprise

Pour asseoir la nouvelle identité de votre entreprise, il sera peut-être nécessaire de rafraîchir votre lieu de travail – voire de déménager pour vous rapprocher de la clientèle visée – et de revoir l'image qu'il renvoie. Lui aussi doit être en adéquation avec l'activité que vous offrez.

Pour les photographes qui exploitent des « magasins photo », je ne suis pas celui qui vous dira de laisser aller le côté négoce au profit de la photographie professionnelle ; faites votre propre analyse de ce qui peut ou non brouiller votre image. J'ai des clients qui ont transformé leur magasin avec beaucoup de succès. D'autres ont choisi de tout refaire, certains même de déménager.

Si c'est votre cas, prenez les conseils de professionnels de la décoration afin d'harmoniser votre nouvelle identité graphique avec des couleurs et un style approprié. Il se peut que vous ayez des connaissances dans votre cercle d'influence qui soient disponibles pour un échange de services.

Établir un calendrier de promotions

Pour vous assurer une croissance régulière, pour diminuer les périodes creuses de l'année, pour ne pas manquer de trésorerie à certains moments, il faut planifier un calendrier d'activités promotionnelles sur une base annuelle. Il arrive souvent que des photographes s'aventurent dans des promotions uniquement en réaction à ce que font leurs collègues locaux, sans avoir réfléchi à un plan d'action qui s'inscrirait dans une stratégie globale de développement. N'oubliez pas qu'un rabais n'est pas anodin en termes de marge, de profit comme de charge de travail (voir page 102).

Ceux qui sont déjà en affaires savent de par leur expérience ce qui a bien fonctionné au cours des années précédentes et ce qui mérite une amélioration. Planifiez vos promotions sur les activités professionnelles qui sont les plus rentables et qui vous apportent le plus de satisfaction. Vous aimeriez sans doute que je vous livre ici une multitude d'idées pour ravir votre public, mais il y a tant de spécialités photo et d'attentes de la part des publics (entreprises, particuliers, collectivités...), qu'il serait fastidieux de dresser la liste des actions possibles. Regardez plutôt du côté des associations professionnelles, car elles organisent régulièrement des rencontres durant lesquelles des conférenciers émérites viennent partager connaissances et idées de promotion.

Pour résumer, développez un calendrier de promotions qui vous simplifiera la vie, car vous saurez à quel moment de l'année, débuter la production de textes, de graphisme, de produits afin de respecter les dates idéales pour solliciter vos clients. Vous économiserez ainsi beaucoup d'argent et de stress tout en établissant auprès de vos clients, dans votre marché, une visibilité continue.

Au-delà de la fidélisation de la clientèle

Le principe de fidélisation est d'une importance capitale !

Avoir une base de données constituée de clients qui vous sont fidèles et qui sont prêts à vous recommander sans que vous ayez à le leur demander représente votre bien le plus précieux et vous fera gagner du temps et de l'énergie en vous évitant de reprendre systématiquement à zéro le travail de prospection. Que vous travailliez seul ou en équipe, chez vous ou dans votre studio, et quelle que soit votre spécialité, vous devez considérer tout nouveau client comme un client à vie, et vous assurer qu'il puisse le devenir réellement.

Que représente la fidélisation ?

Concrètement, il n'est pas vraiment compliqué de faire le calcul en euros de ce que représente un client à vie. Imaginez un client en photographie sociale (mariage, portrait, etc.) ; les statistiques nous disent qu'un tel client a un potentiel d'au moins 6 visites chez le photographe durant sa vie. Lors de mes stages, je fais allusion aux différentes raisons qui conduisent un client à franchir votre porte et qui peuvent le conduire à la franchir plusieurs fois :

- identité (plusieurs fois) ;
- maternité (plusieurs fois possibles) ;
- mariage (de génération en génération) ;
- nouveau-né (plusieurs fois possibles) ;
- enfant (plusieurs fois possibles) ;
- famille (plusieurs fois possibles) ;
- portrait couple (plusieurs fois possibles) ;
- portrait d'affaires (plusieurs fois possibles) ;
- événements (plusieurs fois possibles).

En photographie commerciale, industrielle, publicitaire, il est encore plus évident de percevoir la valeur à vie d'un client.

Calculons encore une fois la moyenne de vos ventes par client multipliée par le nombre de visites et vous aurez une petite idée du potentiel de votre chiffre d'affaires sur une année, sur une vie. Si l'on prend l'exemple d'un client pour lequel vous réalisez des travaux publicitaires, et qui aura besoin de faire appel à vos services 10 à 15 fois dans l'année avec une moyenne de 750 € chaque fois, et ce sur 10 ans. Le chiffre d'affaires potentiellement généré est intéressant : entre 75 000 € et 112 500 €. C'est de cette façon que j'ai bâti mon entreprise.

Au-delà du bouche à oreille

La loyauté d'un client dépasse largement le bouche à oreille décrit souvent comme le moyen par excellence pour bâtir une clientèle.

Que les clients satisfaits parlent de vous à leurs amis, c'est souhaitable, mais il faut aller plus loin. Vous devez appuyer votre service sur un programme de référence qui n'est pas simplement occasionnel, mais systématique. Chaque client qui, par l'expérience que vous aurez vécue ensemble, représente un bon potentiel doit être sollicité sous forme d'offres spéciales qui seraient remises aux membres de sa famille, son entourage, ses collègues de bureau… Bref, des gens qu'il connaît bien. Une carte cadeau qui porte l'image préférée de ce client est une belle forme d'invitation. Attention de ne pas l'inonder avec cette stratégie ; allez-y progressivement.

La promesse d'une croissance continue

Pouvez-vous imaginer la croissance de votre entreprise si chacun de vos loyaux clients vantait les bienfaits de vos services à l'un de ses amis ? Vous doublerez votre clientèle. Cela ne se fera pas du jour au lendemain, bien sûr, mais la progression est mesurable en termes de chiffre d'affaires, en publicité gratuite, en satisfaction au travail de chaque membre du personnel.

En photographie sociale comme en corporate et dans tout autre domaine où intervient un photographe, la recommandation est primordiale. Vous travaillez sur de l'invisible, et vos futurs clients ont besoin d'être rassurés sur le fait que vous pourrez leur apporter satisfaction. Ils vous contacteront rarement au hasard ; comptez sur votre noyau de clients pour vous développer.

Appuyez-vous sur « vos » points de référence

Ces points de référence, qui vous sont propres, reposent davantage sur une attitude générale vis-à-vis du client que sur une stratégie d'affaires pure et dure. Ils vont vous permettre de mettre en avant votre qualité de service par rapport à celle de vos concurrents.

1. **L'accueil personnalisé des clients :** « Bonjour M. Leblanc, quel plaisir de vous revoir ce matin. Laissez-moi vous diriger vers le plateau où l'on va commencer le travail. Votre café, vous le prenez avec un soupçon de lait et sans sucre, je crois ! »
   Soyez heureux et enthousiaste face au travail, face au client qui pousse la porte, envers celui qui vous envoie un e-mail. Communiquez le plaisir que vous avez à exercer votre métier. Devant vos collaborateurs également. Entretenez la passion que vous avez pour votre profession ! Vous avez la chance d'exercer une activité que beaucoup vous envient sûrement.

Attitude positive

Un dialogue positif saura toujours créer une atmosphère conviviale. Oubliez les « oui, mais », les « non, ce n'est pas possible » ; remplacez-les par des : « voici comment nous allons procéder ».

2. **Au téléphone :** autant que possible, essayez de répondre personnellement et évitez d'utiliser la boîte vocale. De nos jours, les clients apprécient vraiment d'avoir quelqu'un pour leur répondre. Le fait de ne pas réussir à vous joindre est un motif qui peut les amener à contacter un autre professionnel. Dans un domaine aussi concurrentiel que le nôtre, il est bien dommage de perdre un client de cette manière. Alors, ne laissez pas le téléphone sonner dans le vide, et rappelez rapidement le prospect ou le client si vous n'étiez pas disponible au moment de leur appel. Je suggère un maximum de 3 coups de sonnerie avant une réponse ou si absolument nécessaire, le recours à la boîte vocale.
3. **La visite des lieux :** votre accueil et la présentation de votre studio, et de vos collaborateurs si vous en avez, ont deux raisons d'être. Mettre en confiance le client et montrer aux membres de votre équipe qu'ils ont leur rôle à jouer.
4. **Le suivi des livraisons :** dans le cas d'une livraison urgente, nous nous assurions d'avoir le meilleur service existant. Pour les clients, CD, DVD, tirages ou albums sont précieux ; vous ne pouvez tolérer des paquets perdus ou endommagés. Une fois le colis mis dans les mains du coursier, nous appelions le client pour l'avertir de sa venue dans le délai qu'il nous avait indiqué. À l'heure prévue d'arrivée, nous rappelions pour nous assurer que la livraison avait bel et bien été effectuée, et que tout était conforme aux attentes du client.

5. **Le suivi sur devis :** c'est quelque chose qui a plus que fortement contribué à notre développement. Sachant que la majorité de nos concurrents attendaient que le client potentiel les recontacte après avoir reçu leur devis, nous avions décidé de prendre le taureau par les cornes et de recontacter le client par téléphone dans l'heure qui suivait l'envoi de la proposition. Ça nous permettait d'éteindre tout de suite les doutes qui pouvaient assaillir le client, et nous décrochions alors 80 % de nos demandes de prix.

6. **La ponctualité :** c'est assez surprenant, mais notre capacité à nous présenter à l'heure pour un travail faisait largement la différence par rapport à nos confrères. De nos jours, nul n'a de temps à perdre ! Alors, respectez vos engagements en vous présentant à l'heure et en livrant vos produits à la date prévue. Mes propres recherches auprès de mes clients ont confirmé qu'un des problèmes les plus communs chez les photographes reste le manque de ponctualité.

À méditer
« La plupart des gens ne sont pas prêts à faire l'effort supplémentaire qu'il est nécessaire pour arriver au succès. »
Jeffrey Gitomer

Et vos collaborateurs ?

Quelle est l'ampleur de l'engagement de chaque membre de votre équipe ? Total, partiel, non existant ?
La loyauté n'est pas accidentelle ; elle est le fruit d'une série d'actions, bien pensées, qui donne un résultat à long terme. Si l'un de vos collaborateurs n'est pas en phase avec vos perspectives et votre politique de service, il faut avoir une discussion immédiate avec lui. Lui faire réaliser que l'adoption de vos points de référence sera déterminante pour une grande satisfaction au travail et son développement au sein de votre entreprise. Une personne qui choisit d'être à l'écart ne contribue ni à votre avenir ni au sien.
Évaluez rapidement le potentiel de chaque personne embauchée et corrigez la situation si nécessaire. N'attendez pas qu'il soit trop tard.
Le conseil est bien sûr valable pour les prestataires extérieurs avec lesquels vous travaillerez.

Sources d'inspiration

Comment faire croître davantage votre entreprise ? Regardez autour de vous, évaluez chacune de vos transactions auprès des fournisseurs avec lesquels vous traitez. Analysez la qualité du service dans votre restaurant préféré ; pourquoi y retournez-vous constamment ? Comment les commerçants qui vous environnent (boutique de vêtements, boulanger, fleuriste...) procèdent-ils pour maintenir et étoffer leur clientèle ?

Adaptez les stratégies qui peuvent s'appliquer à votre studio et formez votre personnel si vous travaillez en équipe.

Voici une petite histoire… Un photographe de ma connaissance, très soucieux du service au client, était toujours à la recherche de la petite attention pour exprimer son plaisir à travailler avec les uns et les autres. Une fois, alors qu'il rencontrait un client pour lui présenter le résultat d'une séance de prise de vue, celui-ci lui confia qu'il emmenait le soir même sa femme dîner dans un restaurant réputé du quartier. Sitôt le rendez-vous terminé, il a appelé le restaurant pour offrir l'apéritif au couple. Un beau geste qu'ils auront sûrement apprécié et qui aura conforté le lien de confiance établi jusque-là. Il faut sans cesse être à l'affût de ces petites attentions.

Un client à la fois

À première vue, cela semble difficile, n'est-ce pas ? Analysons certains faits.

Pour la majorité des photographes qui démarrent leur activité très modestement, promouvoir leurs talents par une stratégie systématique de référencement d'un client satisfait vers un autre est du domaine du possible. Sans relâche, le photographe doit instaurer une procédure qui l'aidera à ajouter un ou deux nouveaux clients à sa base de données après chaque travail. Il doit savoir s'appuyer sur tout nouveau projet réalisé, tout nouveau contact transformé. Cela implique de mettre régulièrement à jour son site Internet et son book. Chacune de ces références doit vous permettre d'en décrocher d'autres.

« Impossible » et pas très réaliste, me direz-vous ! Pas si votre identité est unique, innovante et que votre service client dépasse les attentes de tous.

Retenez cette citation de Seth Godin : « Si vous n'êtes pas encore indispensable, c'est que vous n'avez pas encore décidé de le devenir. » Que signifie cette citation au juste ? Vous avez le choix de faire comme tout le monde ou bien d'identifier un créneau, une manière de faire qui sont différents de ce que proposent les autres photographes. Se rendre indispensable veut dire que vous devenez la personne qui offre le plus de valeur. Je ne parle pas de tarifs les plus bas, mais bien de valeur obtenue. Vous êtes un expert.

Marche à suivre

1. Analysez toutes vos procédures afin de vous assurer que tout est fait pour assurer une loyauté de la part de vos clients.
2. N'ayez pas peur d'investir dans ce but.
3. Engagez-vous et tous vos collaborateurs dans ce processus.
4. Questionnez vos clients sur ce qui les motive à revenir. Ceci confirmera que votre démarche fonctionne et sinon, vous donnera les points à améliorer.

Faire parler de soi sans se ruiner

Répandre la « bonne nouvelle » que vos services, votre qualité surpassent toute autre proposition peut sembler la première voie de développement. Vers quel média se tourner ? Facebook et les réseaux sociaux représentent pour la plupart d'entre nous la solution idéale et unique. Pas chère, facilement accessible, c'est vrai, sauf que la véritable mission d'un réseau social est le social. Ce qui signifie que si vous inondez vos messages de publicité, les gens vont vite s'en désintéresser. Vous devez donc donner du sens à ce que vous diffusez.

Publicité gratuite

À l'ère du réseau social et de la communication à tout va, nous nous imaginons que les gens sont plus près les uns des autres et que tous les messages comportent une valeur. Nous entretenons effectivement au quotidien un lien virtuel *via* le Web et/ou le téléphone portable avec un grand nombre de personnes, or souvent, la communication se limite à un texto rapide, constitué de mots abrégés sans véritable valeur interpersonnelle. Preuve à l'appui, regardez autour de vous le nombre de gens qui échangent des sms sans prêter attention à leurs voisins. Est-ce normal ? Dans un monde ultracommunicant, l'individualisme reste roi. Que faut-il en déduire ? Que vous aurez beau utiliser les moyens modernes de communication, le contact personnel restera toujours le meilleur outil pour consolider une relation qui doit se développer entre individus. Avec le temps, cette relation deviendra la source de revenus privilégiée. Je dis bien, contact personnel, dialogue, échange réel, pas virtuel.

Imaginez que vous concentriez vos efforts à développer, par un rapport interpersonnel, une amitié professionnelle avec chacun de vos clients :

- service personnalisé ;
- attention particulière à chaque rencontre ;
- sur satisfaction sur chaque prestation ;
- et finalement, vision future en anticipant sur les besoins éventuels de vos clients.

Vos clients seront touchés que vous puissiez nouer de telles relations. Ces clients vont reconnaître votre différence et expérimenter votre niveau d'enthousiasme et d'énergie. Connaître leur histoire vous aidera par ailleurs à créer l'image tant convoitée. Et ça n'a pas de prix ! Par-dessus tout, le degré d'investissement est minime.

S'appuyer sur les médias traditionnels

Journaux, magazines et publications imprimées sont les premiers supports qui viennent à l'esprit lorsqu'un commerçant veut se faire connaître. Or, Internet et la mise à disposition gratuite d'informations ont bouleversé les habitudes de lecture de ces médias. Même si la publicité y reste encore hyper présente, d'autres alternatives plus efficaces existent pour toucher les publics visés. Or, pour faire ressortir votre message, il faut lui donner une forme différente et diffuser un discours qui attire l'attention.

Prenons l'exemple d'une revue pour les futurs mariés. On y trouve toutes sortes d'articles de fond sur les meilleures tables, les plus beaux châteaux, ou encore sur les destinations idéales pour partir en lune de miel, mais aussi sur la photographie de mariage, des articles qui ont plus ou moins de profondeur, de sens. C'est de l'information premier niveau répétée constamment. Pour avoir consulté un grand nombre de ces magazines, j'ai remarqué qu'il était très rare d'y voir un article parlant de la valeur de la photographie de mariage bien réalisée, selon un concept, une signature. À la place, nous lisons des chroniques qui suggèrent d'investir très peu dans ce service ; certains rédacteurs citent même des tarifs qui dirigent les lectrices vers des prestations tellement bas de gamme que la plupart s'orientent naïvement vers ce type de service et connaissent une déception extrêmement vive une fois les photos reçues. Quel sentiment de gâchis lorsque les couples se rendent compte de la perte des souvenirs de cette journée unique ! Si l'on y regarde bien, ils en ont pourtant eu pour leur argent. Il n'y a pas eu duperie. Petit budget, petits résultats, grand désenchantement…

Attention
N'utilisez pas cet article de fond comme outil publicitaire. Il doit être informatif, éducatif. L'espace publicitaire que vous aurez obtenu, ou acheté sur la page voisine, viendra renforcer votre message tout en dirigeant les gens vers vous, car vous êtes le spécialiste qui a écrit une chronique.

Quand allons-nous lire un article qui fait état de la valeur patrimoniale de cette activité de création ? Quand allez-vous proposer un article de fond en échange d'un espace publicitaire ? Quand verrons-nous un photographe oser écrire un tel texte ?

Si vous décidez d'être le premier dans votre région à prendre cette voie, armez-vous de patience et de persévérance, car vous allez à contre-courant du modèle traditionnel. Persévérez dans votre démarche et ouvrez votre chemin.

Plaquettes de service

Je suis un fervent partisan des plaquettes qui décrivent vos services. Si Internet vous permet de publier gratuitement ou presque vos messages informatifs et publicitaires – on y viendra plus loin –, auparavant, je souhaite attirer votre attention sur les petites publications très spécialisées, qui informent le prospect sur un besoin spécifique.

Si je veux acheter un téléviseur, je n'ai aucun intérêt à savoir tout sur les réfrigérateurs. Si je cherche un photographe de portrait, je ne m'intéresse pas à celui qui est spécialisé en architecture. Je veux le meilleur, le spécialiste qui attire mon attention avec des mots qui me touchent. Qu'est-ce que cela signifie ? Que le client souhaite connaître les bénéfices de ce que vous pouvez lui offrir. Peu lui importe que vous soyez passionné de photo depuis l'âge de 13 ans. Informez-le sur ce qu'il va retirer de votre offre, et uniquement sur cela. Pour ce faire, je vous conseille d'élaborer pour chacun des services que vous proposez une plaquette faisant état des besoins, des bénéfices, de la manière pour le client de profiter au maximum de votre prestation et de la manière dont il pourra se procurer votre service.

À méditer

« Minute ! Vous me dites que je dois arrêter d'obéir à des consignes et commencer à être un artiste ! Quelqu'un qui imagine de nouvelles idées et les réalise ! Quelqu'un qui trouve de nouvelles façons d'interagir, de nouvelles voies de transmission des émotions, de nouvelles façons d'être en relation ! Quelqu'un qui agit comme un humain, et non comme un rouage ! Moi ! » Oui, vous ! Cette citation est extraite du livre extraordinaire de Seth Godin : *Êtes-vous indispensable* ?

S'appuyer sur son site Internet

Voici mon évaluation de 95 % des sites Internet de photographes. Ils sont démonstratifs et très peu informatifs. Beaucoup de photos, peu de textes, et surtout rien pour stimuler l'intérêt du visiteur. Vous vous imaginez que ceux-ci seront totalement emballés par vos images ? Au risque de frustrer certains ego, je vous assure que le photographe qui saura engager son visiteur dans une visite guidée, informative et qui l'amènera à passer aux actes (prise de contact !), dépassera de loin les résultats de la plupart des sites de photographes.

Faites cet essai : allez dans Google, inscrivez dans la barre de recherche « photographe professionnel [votre ville] ». Maintenant, cliquez sur les 5 premiers liens obtenus ; avez-vous envie d'acheter les services de ces photographes ? Le contenu de ces sites est-il attirant ? Proposent-ils une information engageante ?

Conclusion

Trouver des moyens de se publiciser demande de l'imagination et du cran. Sortir des sentiers battus et innover : voilà la recette.

La publicité sous toutes ses formes devient plus accessible. Des chasses gardées sont éliminées, les méthodes de fonctionnement sont en transformation continuelle et vous devez vous adapter, sans avoir peur d'expérimenter et d'analyser les résultats afin de perfectionner nos approches plus personnalisées.

C'est là que vous développerez une identité dans un marché hyper compétitif. Assumez votre rôle d'artiste et changez le monde, une personne à la fois.

Les risques à prendre

Oui, il y en aura, c'est certain. Le risque associé au fait d'être différent. Le risque de déployer des solutions originales sur lesquelles les gens n'ont pas de points de référence. Le risque d'une créativité, d'une signature unique… Si vous voulez avancer, vous devez maîtriser la peur du risque.

Chaque détail compte

Depuis le début de cet ouvrage, je préconise l'approche « branding », la signature, la différence. C'est ici que ces détails commencent à prendre de leur importance. Nul ne pourra se créer une réputation distincte si ses activités sont identiques à ce qui est offert sur le marché actuellement. Cela demande une recherche constante, une créativité pointue afin de se faire sa place au soleil.

Après tout, vous vous présentez comme un créateur d'images, alors, créez votre image.

Avant même de vous lancer, il faut d'abord évaluer la place que vous aimeriez occuper dans ce marché qui est déjà saturé de prestataires, et ensuite déterminer votre direction qui favorise l'innovation continuelle. Regardez ce qui se fait autour de vous ; défrichez de nouvelles avenues.

Où s'inspirer ?

Internet est une source inépuisable d'informations. Recherchez sur divers sites dans votre secteur et en dehors, des idées qui vous permettraient de devenir une référence dans votre région. Nul besoin de paniquer parce qu'un photographe à l'autre bout du monde utilise une certaine stratégie qui vous plaît ; en effet, il ne s'agit pas de copier, mais d'adapter à votre culture d'entreprise, à votre région, et à votre style, ce qui pourrait contribuer au développement de votre activité.

Les livres de développement des affaires et de développement personnel, qu'ils soient imprimés, ou diffusés sous forme numérique ou audio, constituent pour moi une fontaine de connaissance inépuisable. Lorsque je lis un livre, je regarde la table des matières, je souligne les points importants, puis me plonge dans lesdits chapitres, qui selon mon évaluation sommaire, semblent être les plus intéressants. Chaque mot, phrase ou paragraphe qui m'inspire, est souligné afin de faire ressortir les points forts lors d'une prochaine lecture.

C'est aussi à travers ces lectures que je trouve les petits détails qui feront ma différence, celle que je veux marchander. Celle qui fera en sorte que les gens vont parler de moi et de mes services.

Le livre de Tony Hsieh, *L'entreprise du bonheur,* est pour moi une référence. Il décrit, en détail, la manière par laquelle une entreprise américaine de vente en ligne a fait sa marque : Zappos. Visionnaire et entrepreneur, Tony Hsieh est à la recherche constante de moyens d'épater sa clientèle qui achète principalement des chaussures en ligne. Sa culture d'entreprise a pour objectif d'épater, de surprendre le client qui reçoit sa commande par courrier.

Suivre ses clients dans leur croissance de vie ou d'entreprise

Suivre un client tout au long de sa vie ou de son activité paraît naturel. Après tout, il représente votre croissance. Pourtant, peu de photographes s'assurent qu'il en soit ainsi. Ils s'imaginent sans doute qu'un jour client, toujours client. La réalité prouve cependant que le client à la recherche du meilleur tarif aura peu de loyauté envers des marchandises à bas prix, car il sait qu'il pourra toujours trouver encore moins cher.

Je le répète, un consommateur averti recherche une signature, une approche plus personnelle et surtout un service client hors pair. Chercher à pénétrer un marché avec des tarifs « au ras des pâquerettes » peut durer un certain temps, mais la réalité va vous rattraper un jour et vous devrez décider de renouveler votre clientèle ou d'abandonner le métier.

Le consommateur d'aujourd'hui cherche à obtenir plus pour son argent si durement gagné. Votre talent, votre créativité et surtout votre service exceptionnel doivent devenir votre avantage concurrentiel, ce qui fera que ce client ne jurera que par vous, vous recommandera et fera appel à vos services chaque fois qu'une occasion se présentera, sans chercher à savoir si un autre prestataire pourrait lui apporter satisfaction. Vous êtes sa perle rare.

Devenez le partenaire de vos clients

Devenez indispensable ! Devenez progressivement la personne qui est la référence dans votre région. Que ce soit dans la photographie sociale ou commerciale, vous devez entretenir une culture de suivi continuel.

Plus tôt dans ce livre, je faisais mention des différentes portes par lesquelles un client arrive. Lors de vos conversations avec chacun de vos clients, recherchez l'information qui fait état des étapes de leur vie, de leur entreprise, et notez-les dans votre base de données afin de faire des suivis réguliers.

Sachez poser les bonnes questions qui divulgueront ses détails et anticiper leurs besoins en proposant, au moment opportun, une activité créative.

Un client fait, par exemple, appel à vos services pour photographier ses produits ; son besoin immédiat est d'alimenter son site Internet de ventes en ligne. Vous savez qu'un jour il participera fort probablement à un salon commercial ; il aura alors besoin d'imprimer des plaquettes pour faire connaître ses services aux visiteurs ou d'envoyer des communiqués à ses propres clients pour les informer de son actualité. Tout cela requiert des photos courantes qui lui permettront de promouvoir son image et d'augmenter ses ventes. Le contacter et être force de proposition démontrera votre intérêt envers la croissance de son entreprise. Positionnez-vous comme un partenaire de son développement.

Entretenir le lien : du temps et un objectif dans votre activité

Décrochez le téléphone ! Certains clients restent silencieux, trop silencieux. N'hésitez pas à les appeler directement – ne vous contentez pas d'un e-mail, il n'a pas la même efficacité. Prenez des nouvelles, parlez du dernier travail effectué ensemble, quels en ont été les résultats, quels sont ses nouveaux projets... En procédant ainsi, il m'est souvent arrivé que des clients me disent : « Quelle chance d'avoir un appel de toi, j'ai justement un travail qui pourrait t'intéresser. »

Vous êtes trop occupé ? Vous n'avez pas le temps ? Vous n'utilisez sans doute pas votre temps avec efficacité... Dommage, car c'est la meilleure manière de faire grandir votre entreprise. Mettre à profit une clientèle déjà constituée au lieu de repartir sans cesse de zéro est un gain de temps et d'énergie.

Un client fidèle, c'est un client qui vous connaît déjà, qui apprécie votre travail, et qui est en mesure de vous promouvoir auprès de ses connaissances professionnelles, amicales et familiales. Bien servir cet acheteur régulier, ou des personnes auprès de qui il vous aura recommandé, vous coûtera beaucoup moins cher en termes de temps et donc d'argent que d'essayer de décrocher un nouveau client.

Comme le disent si bien Judith Sherven et Jim Sniechowski : « Le véritable succès d'une vente est dans la poursuite vers une relation à long terme avec ce même client. Nous ne fermons pas une vente, nous ouvrons une relation. »

Ce sont tous ces petits détails qui donneront à votre proposition un caractère unique, votre identité.

Les 6 raisons pour lesquelles un client vous quitte

- 1 % de vos clients meurent.
- 3 % déménagent de la région.
- 5 % vont suivre les recommandations d'un ami qui les convainc de le suivre chez un nouveau fournisseur.
- 9 % vont trouver un meilleur produit ou un tarif plus compétitif.
- 14 % vous quittent pour cause d'un produit ou service déficient.
- 68 % parce que ce client a pressenti une indifférence de votre part ou de celle d'un de vos employés. Il s'est senti ignoré, non apprécié ou encore pire, sans importance. Le service client est un boulot sans relâche.

Vous ne pouvez lutter contre certains de ces points ; en revanche sur 4 d'entre eux, vous êtes sûrement en mesure d'agir et d'empêcher que vos clients se retrouvent dans des situations similaires. Assurez-vous que chacun se sente apprécié, valorisé, respecté.

Conclusion

Dans un article récent paru sur Internet, Lynda Gratton, professeur en gestion à la London Business School, écrit que l'avenir du travail est moins une question de compétences générales et davantage de spécialisation. Je suis heureux de son analyse, car elle est aussi la mienne. Tout au long de ce livre, j'ai essayé de mettre en avant la nécessaire distinction, la spécialisation que devaient opérer les photographes pour développer leur activité ; en bref, le besoin de se créer une griffe artistique unique et reconnaissable.

Il est une réalité dont il faut tenir compte et qui doit nous conforter dans l'idée de se spécialiser : il y a beaucoup plus d'offres que de demandes pour les services de photographie. Ce que tout le monde constate, c'est qu'un nombre incalculable de personnes se lancent aujourd'hui dans les affaires, sans trop de connaissances techniques ni même administratives pour une bonne partie d'entre elles. En conséquence de quoi, on trouve actuellement sur le marché une diversité d'offres tant du point de vue des prestations, que de la qualité des travaux, et de la tarification pratiquée. Dans tout ça, le client s'y perd, et la valeur que la photographie et le travail du photographe pouvaient avoir à ses yeux par le passé s'est beaucoup effritée.

1. **Vous spécialiser,** c'est non seulement vous positionner en expert, mais aussi, et surtout une manière de redonner une valeur à votre activité.
   La spécialisation vous permettra de sortir de la masse qui exécute le même travail et qui se bat sur une stratégie de tarification basse garantissant à peine un niveau de vie supérieur au seuil de pauvreté. Les statistiques concernant le salaire moyen des photographes sont alarmantes, et ce partout dans le monde, pourtant elles ne sont pas une règle et certains réussissent très bien.

2. Le temps de la chambre noire est bel et bien révolu, n'en déplaise aux nostalgiques, **la connectivité** règne. Les réseaux sociaux, Internet permettent à tous de créer des groupes de spécialistes ayant à cœur un développement constant de leurs compétences par l'échange d'informations. Lynda Gratton nous confirme par ses recherches que

À méditer
« Lorsque tout le monde a accès aux mêmes outils, il n'y a plus vraiment d'avantages à posséder ces outils. Il est alors temps de trouver un avantage nouveau. Il est possible qu'il s'agisse de votre réseau de connaissances, des gens qui vous font confiance. Il est possible qu'il s'agisse de votre expertise… Toutefois, et au-dessus de tout, je parie que c'est votre attitude. » Seth Godin

le succès sera issu d'une combinaison adroite, à valeur ajoutée, d'expertise et de connectivité. C'est de cette cohésion que naîtra l'innovation dont nous avons actuellement tant besoin. Des photographes spécialisés échangeront ensemble sur leurs techniques, les nouveaux matériels de prise de vue ou sur les outils de gestion de l'activité (!), afin d'augmenter la qualité de leur prestation et du service au client. Naturellement, cette collaboration sera favorisée, en temps réel, par les réseaux sociaux ; elle l'est déjà, prenez le train en marche !

3. **La qualité** évolue elle aussi. Il ne s'agit plus uniquement d'une qualité associée au produit, au service, mais il faut maintenant être en mesure de faire vivre à ses clients une expérience mémorable (la photo comme vous ne l'avez jamais vue !). Ce n'est pas pour rien que je fais état dans ce livre de l'importance des relations humaines, des expériences que vous devez faire vivre à vos clients.
   Ce que l'on constate aujourd'hui, c'est qu'au-delà de la réussite économique, ce que recherchent les gens, y compris la nouvelle génération de photographes, c'est une richesse associée au bonheur et à une meilleure organisation du travail. Le pouvoir d'achat n'est plus nécessairement une mesure de succès.

À l'époque du film, on comptait deux types de photographes : d'un côté, l'amateur passionné d'images, qui se consacrait à son hobby pendant ses heures de loisir, faisait parfois partie d'un club photo, et menait le reste de la semaine une activité distincte lui permettant de vivre correctement sans pour autant négliger son activité favorite, et d'un autre côté, le photographe professionnel, ayant choisi de faire carrière dans la photographie pour assouvir sa passion pour l'image, mais aussi pour en vivre convenablement.

Deux profils bien différents réunis autour du même médium, cohabitant sans heurts.

Le numérique a vu émerger une autre catégorie, qui est venue grignoter la place du professionnel. Le « fauxtographe » qui, de par sa pratique commerciale improvisée, son manque de connaissance des affaires, et un amateurisme général, cause un tort inestimable à la profession, dévalorisant tout à la fois le métier, le médium et ce que la photographie apporte aux gens.

Je souhaite de tout cœur que les gens qui envisagent de se lancer dans cette profession puissent se former sur tous les aspects auxquels ils seront confrontés. La technique, c'est bien, mais le volet administratif et économique est encore plus important, car il prendra la plus grande partie de votre temps de travail. Vous n'êtes ni amateur, ni fauxtographe, vous êtes le professionnel du passé, mais un photographe bien ancré dans son présent et dans les problématiques contemporaines !

La photographie apporte tellement de satisfaction, pas seulement à l'exécutant, mais surtout aux clients, qu'il serait dommage de ne pas se donner les moyens de réussir, de contenter et d'anticiper la demande. La photographie est omniprésente dans notre quotidien, alors même si les temps sont difficiles, je crois sincèrement qu'il y a un avenir prometteur pour tous ceux qui cerneront le métier dans sa globalité. Nous avons la chance d'avoir à notre portée une foule de moyens pour parfaire nos compétences et donner de la visibilité à nos prestations, saisissons-les !

Je souhaite vivement vous avoir apporté une vision différente de ce que doit être votre pratique à l'heure actuelle et vous avoir fourni une multitude d'outils qui vous aideront à structurer votre offre de services.

Bibliographie

- *La Photographie, de la passion aux profits,* André Amyot. www.photocoach.com/fr/vmchk/La-Photographie-de-la-Passion-aux-Profits-E-BOOK.html
- *Découvrez vos points forts,* Marcus Buckingham et Donald Clifton, Pearson, 2008.
- *Réfléchissez et devenez riche,* Napoléon Hill, J'ai lu, 2011.
- *Vendre l'invisible : un guide pratique du marketing moderne,* Harry Beckwith, Ada, 1997.
- *Comment réussir une négociation* de Roger Fisher, William Ury et Bruce Patton, Seuil, 2006.
- *Êtes-vous indispensable ?,* Seth Godin, Éditions Diateino, 2010.
- *L'entreprise du bonheur,* Tony Hsieh, Éditions Leduc.s, 2011.
- *Crush sales objections,* Tom Reilly, McGraw-Hill, 2010 (en anglais).
- Sur l'évaluation de logiciels de gestion de studio : www.pdnonline.com/gear/The-Best-Software-fo-6764.shtml.

Achevé d'imprimer : EMD S.A.S.
N° d'éditeur : 8932 - N° d'imprimeur : 28582
Dépôt légal : septembre 2013
Imprimé en France

Cet ouvrage est imprimé - pour l'intérieur - sur papier Lys Galilée 120 g des papeteries M.REAL, dont les usines ont obtenu la certification environnementale ISO 14001 et opèrent conformément aux normes ECF et EMAS